Pas besoin d'être un cordon bleu confirmé pour réussir les recettes qui suivent. Il faut simplement avoir envie de cuisiner, pour soi, sa famille ou ses amis. Sortez de la routine, c'est le moment d'essayer des plats qui changent un peu et de combiner des saveurs nouvelles. Pas de soucis : la réussite est garantie puisque ces recettes sont déjà « passées trois fois à la casserole » avant de vous être proposées. Alors, à vos fourneaux !

Sommaire

Frites, chips et pommes de terre sautées

Réussir les frites

Pour 4 personnes.

PRÉPARATION 10 MINUTES • TREMPAGE 30 MINUTES • CUISSON 20 MINUTES

1 kg de pommes de terre pelées
huile végétale pour la friture

1 Coupez les pommes de terre en tranches de 1 cm d'épaisseur puis en bâtonnets et faites-les tremper 30 minutes dans l'eau froide. Égouttez-les puis essuyez-les soigneusement avec du papier absorbant.

2 Faites chauffer l'huile dans une friteuse ou une grande sauteuse. Quand l'huile commence à frémir, faites frire les pommes de terre 4 minutes (procédez en plusieurs tournées si nécessaire). Elles doivent être tendres mais encore pâles. Égouttez sur du papier absorbant et laissez reposer 10 minutes.

3 Remettez l'huile à chauffer en augmentant la température et plongez-y à nouveau les frites pendant 2 à 3 minutes jusqu'à ce qu'elles soient dorées et croustillantes. Secouez régulièrement le panier pour éviter qu'elles ne collent entre elles. Égouttez sur du papier absorbant et salez au moment de servir.

Par portion lipides 12 g ; 242 kcal

Détaillez les pommes de terre en bâtonnets de 1 cm de section.

Plongez les frites dans l'huile sans les laisser se colorer, puis déposez-les sur du papier absorbant.

Plongez-les une seconde fois dans l'huile pour qu'elles soient bien dorées.

Nids frits

Pour 6 pièces.

PRÉPARATION 10 MINUTES • CUISSON 30 MINUTES

Pour préparez ces nids à la chinoise, utilisez deux tamis fins de tailles différentes ou procurez-vous un ustensile spécial comme celui figurant sur l'illustration ci-dessous (en vente dans les épiceries asiatiques).

1 kg de pommes de terre pelées
35 g de farine de maïs
huile végétale pour la friture

1 Coupez les pommes de terre en bâtonnets de 2 mm d'épaisseur puis mélangez-les délicatement avec la farine de maïs dans un saladier.

2 Faites chauffer l'huile dans une friteuse ou une grande sauteuse. Étalez uniformément un sixième des pommes de terre dans le panier inférieur (ou dans le plus grand tamis) d'un moule en métal spécial (voir illustration ci-dessous) et recouvrez avec le petit panier (ou le petit tamis). Plongez le panier 3 minutes dans l'huile brûlante.

3 Démoulez le nid de pommes de terre sur votre plan de travail. Avec une pince en métal, replongez-le 2 minutes dans l'huile pour qu'il dore. Répétez l'opération de manière à confectionner 6 nids de pommes de terre que vous pouvez ensuite garnir à votre guise (voir recette page ci-contre).

Par portion lipides 8,3 g ; 186 kcal

L'astuce du chef

Vous pouvez préparer les paniers quelques heures à l'avance et les conserver dans un récipient hermétique. Plongez-les brièvement dans l'huile bouillante avant de les garnir.

Détaillez les pommes de terre en fins bâtonnets.

Tapissez le fond du panier de ces bâtonnets en les croisant.

Rabattez le panier supérieur sur le nid de pommes allumettes.

Garniture de légumes sautés à la viande et aux crevettes

PRÉPARATION 25 MINUTES • RÉFRIGÉRATION 1 HEURE • CUISSON 20 MINUTES

1/2 c. c. de sel
1/2 c. c. de bicarbonate de soude
1 c. s. d'eau
500 g de blancs de poulet émincés
500 g de rumsteck émincé
12 grosses crevettes crues
huile végétale pour la friture
1 oignon brun en tranches
1 carotte en fines rondelles
1 poivron rouge en fines lanières
170 g de bouquets de brocolis
100 g de champignons coupés en quatre
100 g de pois gourmands coupés en deux
100 g de mini-maïs coupés en deux
2 gousses d'ail pilées
1 c. c. de gingembre frais râpé
2 c. c. de farine de maïs
125 ml de bouillon de volaille
80 ml de sauce d'huître

1 Mélangez le sel, le bicarbonate de soude et l'eau dans un récipient, puis ajoutez le poulet et le bœuf. Mélangez, couvrez et laissez reposer 1 heure au réfrigérateur.

2 Décortiquez les crevettes en gardant les queues intactes. Retirez la veine dorsale.

3 Faites chauffer l'huile dans un wok ou une sauteuse et faites revenir la viande en plusieurs fois. Réservez au chaud dans un plat.

4 Faites frire les légumes et les crevettes dans le wok (les légumes doivent rester croquants) puis égouttez-les sur du papier absorbant.

5 Gardez 1 cuillerée à café d'huile dans le wok et laissez revenir l'ail et le gingembre jusqu'à ce que le mélange embaume. Remettez la viande, les légumes et les crevettes dans le wok. Ajoutez la farine de maïs et le bouillon sans cesser de remuer, puis versez la sauce d'huître. Mélangez à feu vif jusqu'à épaississement de la sauce.

Par portion lipides 28,6 g ; 600 kcal

Pelures de pommes de terre en amuse-bouche

Pour 4 personnes.

PRÉPARATION 5 MINUTES • CUISSON 1 H 10

1 kg de pommes de terre avec la peau
2 c. s. d'huile d'olive

1 Préchauffez le four à 220 °C.
2 Grattez les pommes de terre et badigeonnez-les avec la moitié de l'huile d'olive. Étalez-les sur le plateau du four et laissez-les cuire 50 minutes jusqu'à ce qu'elles soient tendres.
3 Coupez les pommes de terre en quartiers dans la longueur puis retirez délicatement la chair (gardez-la pour un autre emploi) à l'aide d'un couteau bien aiguisé. Disposez les pelures sur la grille du four, côté chair vers le haut, et badigeonnez-les avec le reste d'huile. Laissez-les rôtir 20 minutes pour les rendre croustillantes. Servez en amuse-bouche avec un assortiment de sauces.

Par portion lipides 9,8 g ; 247 kcal

Crème de raifort

Pour 40 cl environ.

Mélangez 1 petit oignon brun émincé, 10 cl de raifort en tube, 30 cl de crème fraîche (ou de fromage blanc pour une version allégée) et 1/2 cuillerée à café de paprika doux.

Pour 1 c. s. lipides 3,6 g ; 39 kcal

Houmous

Pour 40 cl environ.

Mixez 300 g de pois chiches cuits avec 2 cuillerées à soupe de jus de citron, 1 gousse d'ail, 2 cuillerées à soupe d'huile d'olive, 2 cuillerées à soupe de tahini et 2 cuillerées à soupe d'eau jusqu'à obtention d'une sauce homogène.

Pour 1 c. s. lipides 4,5 g ; 51 kcal

Tapenade

Pour 40 cl environ.

Mixez 2 cuillerées à soupe de pignons de pin grillés, 200 g d'olives noires dénoyautées, 1 gousse d'ail, 1 cuillerée à soupe de jus de citron, 1 filet d'anchois et 4 cuillerées à soupe d'huile d'olive jusqu'à obtention d'une sauce homogène.

Pour 1 c. s. lipides 4,5 g ; 54 kcal

Prélevez délicatement la chair des quartiers de pommes de terre en laissant la peau intacte.

Étalez les pelures de pommes de terre sur une grille et badigeonnez-les d'huile.

Servez chaud avec une sauce de votre choix. Ces amuse-bouches se dégustent croustillants.

Quartiers de pommes de terre rôtis aux épices

Pour 4 personnes.

PRÉPARATION 5 MINUTES • CUISSON 40 MINUTES

1 kg de pommes de terre avec la peau
2 c. s. d'huile d'olive

1 Préchauffez le four à 160 °C. Badigeonnez légèrement d'huile 2 plaques de cuisson.

2 Coupez les pommes de terre en quartiers épais et mettez-les dans un saladier avec l'huile d'olive ou un autre mélange (voir les trois suggestions ci-dessous). Mélangez bien puis étalez les quartiers de pommes de terre en une seule couche sur les plaques de cuisson et faites-les rôtir 40 minutes au four, en les retournant régulièrement, jusqu'à ce qu'ils soient croustillants et cuits à l'intérieur.

Par portion lipides 9,8 g ; 247 kcal

Citron et poivre

Mélangez 1 cuillerée à soupe de zeste de citron, 1 cuillerée à soupe de jus de citron et 1/2 cuillerée à café de poivre noir frais moulu. Badigeonnez-en les quartiers de pommes de terre.

Par portion lipides 9,8 g ; 250 kcal

Mélange cajun

Mélangez 1/2 cuillerée à café d'origan moulu, 2 cuillerées à café de paprika fort, 1/2 cuillerée à café de poivre noir moulu, 1 cuillerée à café de curcuma moulu, 1 cuillerée à café de coriandre moulue, 1/4 de cuillerée à café de piment en poudre et 2 cuillerées à soupe d'huile d'olive. Badigeonnez-en les quartiers de pommes de terre.

Par portion lipides 10,3 g ; 259 kcal

Tomates séchées

Mélangez 1 cuillerée à soupe de pesto de tomates séchées, 2 cuillerées à soupe de sauce tomate et 1 cuillerée à café de sambal oelek. Badigeonnez-en les quartiers de pommes de terre.

Par portion lipides 10,7 g ; 261 kca

Frottez la peau des pommes de terre avec une éponge propre.

Coupez les pommes de terre en quartiers et mettez-les dans un saladier avec l'huile.

Étalez-les sur une plaque de cuisson et saupoudrez-les d'épices.

Beignets de pommes de terre

Pour 50 pièces.

PRÉPARATION 20 MINUTES • TREMPAGE 30 MINUTES • CUISSON 15 MINUTES

500 g de pommes de terre pelées
1 c. s. de farine
110 g de farine à levure incorporée
250 ml d'eau ou de bière
huile végétale pour la friture

1 Coupez les pommes de terre en rondelles de 2 mm d'épaisseur et faites-les tremper 30 minutes dans l'eau froide, puis égouttez-les et essuyez-les avec du papier absorbant.

2 Mélangez les farines et l'eau (ou la bière) au fouet jusqu'à obtention d'une pâte lisse.

3 Faites chauffer l'huile dans une friteuse ou une grande sauteuse. Plongez les rondelles de pommes de terre dans la pâte avant de les faire frire. Procédez en plusieurs fois pour éviter qu'elles ne collent entre elles. Quand elles sont bien dorées, retirez-les de l'huile et égouttez-les sur du papier absorbant. Servez ces beignets en accompagnement (voir suggestion page ci-contre).

Par pièce lipides 0,9 g ; 22 kcal

Détaillez les pommes de terre en tranches fines à l'aide d'une mandoline.

Tamponnez les tranches de pommes de terre avec du papier absorbant pour les essuyer.

Trempez les tranches une à une dans la pâte avant de les faire frire.

Truite saumonée aux beignets de pomme de terre

Pour 4 personnes.

PRÉPARATION 15 MINUTES

120 g de crème fraîche ou de fromage blanc
1 c. s. de jus de citron
2 c. s. de câpres égouttées
260 g de truite saumonée cuite
12 beignets de pommes de terre
50 g de mesclun
1 petit oignon rouge émincé

1 Mélangez la crème fraîche (ou le fromage blanc), le jus de citron et la moitié des câpres dans un bol. Émiettez grossièrement le filet de truite dans un autre bol.

2 Sur chaque assiette, disposez 3 beignets de pommes de terre, un peu de mesclun, de la truite et de l'oignon, puis garnissez le tout de sauce aux câpres. Décorez avec quelques câpres restantes et servez.

Par portion lipides 15,2 g ; 217 kcal

Pommes de terre sautées

Pour 4 personnes.

PRÉPARATION 5 MINUTES • CUISSON 20 MINUTES

1 kg de pommes de terre avec la peau
2 c. s. d'huile d'olive
50 g de beurre en dés

1 Coupez les pommes de terre en tranches de 1 cm d'épaisseur.

2 Faites chauffer l'huile et le beurre dans une poêle antiadhésive. Quand le beurre a fondu et que le mélange est bien chaud, ajoutez les pommes de terre et faites-les dorer s parts en les retournant à plusieurs reprises. Baissez le feu et prolongez la cuisson pendant 10 minutes environ, en remuant régulièrement, pour qu'elles soient bien tendres à cœur.

Par portion lipides 20 g ; 338 kcal

Détaillez les pommes de terre en tranches épaisses.

Faites fondre le beurre dans un peu d'huile, dans une poêle antiadhésive.

Faites sauter vivement les pommes de terre pour qu'elles dorent de toute part.

Pommes allumettes

Pour 6 personnes.

PRÉPARATION 10 MINUTES • TREMPAGE 30 MINUTES • CUISSON 5 MINUTES

1 kg de pommes de terre pelées
huile végétale pour la friture

1 Coupez les pommes de terre en bâtonnets très fins et faites-les tremper 30 minutes dans l'eau froide puis égouttez-les et essuyez-les avec du papier absorbant.

2 Faites chauffer l'huile dans une friteuse ou une grande sauteuse et faites frire les pommes allumettes en plusieurs fois. Quand elles sont dorées, retirez-les de l'huile et essuyez-les avec du papier absorbant. Salez. Servez chaud en accompagnement d'une viande ou d'un poisson, ou froid à l'apéritif.

Par portion lipides 9,3 g ; 173 kcal

Chips de pommes de terre au persil

Pour 4 personnes.

PRÉPARATION 30 MINUTES • CUISSON 5 MINUTES

500 g de pommes de terre pelées
1 bouquet de persil plat
huile végétale pour la friture

1 Coupez les pommes de terre en tranches de 2 mm d'épaisseur.
2 Glissez une feuille de persil entre deux tranches et pressez bien pour fermer la chips.
3 Faites chauffer l'huile dans une friteuse ou dans une grande sauteuse et faites frire les chips en plusieurs fois, jusqu'à ce qu'elles soient dorées et croustillantes. Égouttez sur du papier absorbant et servez aussitôt.

Par portion lipides 6,8 g ; 131 kcal

L'ASTUCE DU CHEF

Laissez parler votre imagination et décorez ces chips avec d'autres herbes aromatiques, comme la sauge ou le basilic.

Chips maison

Pour 8 personnes.

PRÉPARATION 10 MINUTES • TREMPAGE 30 MINUTES • CUISSON 20 MINUTES

1 kg de pommes de terre pelées
huile végétale pour la friture

Sel aromatisé

1/2 c. c. de paprika doux
1 c. c. de sel fin
1/2 c. c. de poivre noir du moulin
1 pincée de poivre de Cayenne

1 Coupez les pommes de terre en tranches de 2 mm d'épaisseur et faites-les tremper 30 minutes dans l'eau froide puis égouttez-les et essuyez-les avec du papier absorbant.

2 Faites chauffer l'huile dans une friteuse ou une grande sauteuse et faites frire les pommes de terre en plusieurs fois, jusqu'à ce qu'elles soient dorées. Sortez-les de l'huile et disposez-les en une seule couche sur plusieurs feuilles de papier absorbant. Saupoudrez généreusement de sel aromatisé et servez.

Sel aromatisé Mélangez tous les ingrédients dans un petit récipient.

Par portion lipides 6 g ; 122 kcal

Tempura de pommes de terre au sel et au poivre

Pour 4 personnes.

PRÉPARATION 30 MINUTES • CUISSON 1 HEURE

150 g de farine de riz
255 g de farine de maïs
300 ml d'eau gazeuse glacée
500 g de pommes de terre pelées
huile végétale pour la friture

Assaisonnement

1 c. c. de poivre du Sichuan
1 c. s. de sel fin
2 bâtons de cannelle
4 étoiles d'anis

Sauce au mirin

1 gousse d'ail pilée
1 c. s. de gingembre frais râpé
60 ml de sauce de soja
2 petits piments rouges épépinés et émincés
125 ml d'eau
55 g de sucre
60 ml de mirin
1 1/2 c. s. de vinaigre de riz

1 Mélangez la farine de riz et 150 g de farine de maïs dans un récipient, versez l'eau gazeuse et travaillez les ingrédients du bout des doigts jusqu'à obtention d'une pâte grumeleuse. Couvrez et laissez reposer 30 minutes.

2 Coupez les pommes de terre en tranches de 2 mm d'épaisseur puis essuyez-les avec du papier absorbant.

3 Faites chauffer l'huile dans une friteuse ou dans une grande sauteuse. Saupoudrez les pommes de terre avec le reste de farine de maïs puis plongez-les une à une dans la pâte avant de les faire frire. Quand elles sont dorées et croustillantes, retirez-les de l'huile et étalez-les en une seule couche sur du papier absorbant. Saupoudrez-les généreusement avec l'assaisonnement. Servez aussitôt avec la sauce au mirin.

Assaisonnement Préchauffez le four à 170 °C. Étalez les épices sur une plaque de cuisson et laissez griller pendant 1 heure. Avec un mortier, écrasez-les puis passez la poudre obtenue dans un tamis. Transférez cette préparation dans un bol.

Sauce au mirin Mélangez tous les ingrédients dans une casserole et portez à ébullition puis baissez le feu et laissez mijoter 5 minutes sans couvrir.

Par portion lipides 16,9 g ; 662 kcal

L'ASTUCE DU CHEF

Commencez par préparer l'assaisonnement, qui demande 1 heure de cuisson, avant de confectionner la tempura.

Pommes de terre sautées aux oignons de printemps

Pour 4 personnes.

PRÉPARATION 10 MINUTES • TREMPAGE 30 MINUTES • CUISSON 10 MINUTES

1 kg de pommes de terre pelées
30 g de beurre en dés
125 ml d'huile végétale
3 oignons de printemps émincés

1 Coupez les pommes de terre en tranches de 2 mm d'épaisseur et faites-les tremper 30 minutes dans l'eau froide puis égouttez-les et essuyez-les avec du papier absorbant.
2 Faites chauffer le beurre et l'huile dans une grande poêle antiadhésive et faites cuire les pommes de terre et l'oignon en remuant régulièrement. Salez et poivrez généreusement. Servez aussitôt.

Par portion lipides 35,1 g ; 456 kcal

Pommes de terre à la lyonnaise

Pour 4 personnes.

PRÉPARATION 10 MINUTES • CUISSON 20 MINUTES

900 g de pommes de terre pelées et coupées grossièrement
1 c. s. d'huile d'olive
2 oignons rouges émincés
3 gousses d'ail pilées
400 g de lard fumé coupé en bâtonnets fins
20 g de menthe fraîche grossièrement hachée

1 Faites cuire les pommes de terre à l'eau ou à la vapeur puis égouttez-les.

2 Faites chauffer la moitié de l'huile dans une sauteuse et faites revenir l'oignon et l'ail en remuant sans cesse. Réservez.

3 Faites dorer les lardons dans une poêle jusqu'à ce qu'ils soient croustillants, puis égouttez-les sur du papier absorbant.

4 Faites chauffer le reste d'huile dans la même poêle et faites revenir les pommes de terre 5 minutes, jusqu'à ce qu'elles soient dorées de toute part.

5 Ajoutez l'oignon et l'ail puis les lardons dans la poêle en remuant délicatement. Quand le mélange est chaud, retirez du feu, parsemez de menthe fraîche et servez aussitôt.

Par portion lipides 12,5 g ; 299 kcal

Bouchées de pommes de terre à la gremolata

Pour 12 pièces.

PRÉPARATION 20 MINUTES • RÉFRIGÉRATION 1 HEURE • CUISSON 15 MINUTES

La gremolata est un mélange de persil, d'ail et de zeste de citron que l'on utilise en général pour assaisonner les plats mijotés comme l'osso buco.

70 g de chapelure
30 g de persil plat finement haché
80 g de pignons de pin grillés et finement hachés
2 gousses d'ail pilées
2 c. s. de parmesan râpé
1 c. s. de zeste de citron râpé
3 pommes de terre de taille moyenne pelées
35 g de farine
1 œuf
2 c. s. de lait
2 c. s. de câpres égouttées
huile végétale pour la friture
60 g de crème fraîche
100 g de tomates séchées conservées dans l'huile

1 Préparez la gremolata en mélangeant la chapelure, le persil, les pignons de pin, l'ail, le parmesan et le zeste de citron dans un bol.

2 Coupez les pommes de terre en tranches épaisses et faites-les cuire à l'eau ou à la vapeur. Égouttez et laissez refroidir.

3 Farinez uniformément les tranches de pommes de terre. Mélangez l'œuf et le lait puis plongez les pommes de terre une à une dans cette préparation avant de les enrober de gremolata. Pressez fermement celle-ci du bout des doigts pour qu'elle adhère à la pomme de terre. Disposez les pommes de terre en une seule couche sur un plateau et réservez 1 heure au réfrigérateur.

4 Essuyez les câpres avec du papier absorbant. Faites chauffer l'huile dans une grande sauteuse et faites frire les câpres jusqu'à ce qu'elles soient croustillantes. Retirez-les avec une écumoire et égouttez-les sur du papier absorbant.

5 Portez de nouveau l'huile jusqu'au point d'ébullition puis faites frire les pommes de terre en plusieurs fois, jusqu'à ce qu'elles soient croustillantes et dorées. Égouttez sur du papier absorbant.

6 Servez les pommes de terre nappées de crème fraîche et décorées de câpres et de tomates séchées.

Par pièce lipides 12,1 g ; 187 kcal

Salade de pommes de terre rôties au poulet

Pour 4 personnes.

PRÉPARATION 15 MINUTES • CUISSON 40 MINUTES

Pour cette recette, achetez un poulet rôti de 1 kg. Retirez la peau, désossez-le et détaillez la chair en petits cubes.

750 g de pommes de terre avec la peau

2 c. s. d'huile d'olive

4 tranches de bacon grossièrement hachées

250 g de tomates cerises coupées en deux

2 mini-concombres épépinés et émincés

2 cœurs de laitue

450 g de chair de poulet rôti en petits cubes

Sauce aux herbes

1 c. s. de vinaigre de vin blanc

1 c. s. de jus de citron

1 gousse d'ail pilée

80 ml d'huile d'olive

2 c. c. de basilic frais finement haché

2 c. c. d'origan frais finement haché

1 Préchauffez le four à 170 °C et graissez une plaque de cuisson.

2 Coupez les pommes de terre en quartiers allongés et mettez-les dans un récipient avec l'huile d'olive. Remuez bien avant de les étaler en une seule couche sur la plaque de cuisson. Faites cuire 40 minutes au four jusqu'à ce qu'elles soient dorées et tendres.

3 Pendant ce temps, faites griller à sec le bacon dans une poêle antiadhésive pour qu'il soit croustillant. Égouttez-le sur du papier absorbant.

4 Mettez les pommes de terre et le bacon dans un grand saladier avec les tomates, les concombres, la laitue et le poulet. Versez la sauce aux herbes et mélangez délicatement.

Sauce aux herbes Mélangez tous les ingrédients jusqu'à obtention d'une sauce homogène.

Par portion lipides 37,8 g ; 627 kcal

Röstis, galettes et croquettes

Réussir les röstis

Pour 8 röstis.

PRÉPARATION 5 MINUTES • CUISSON 20 MINUTES

Originaires de Suisse, les röstis se préparent avec des pommes de terre à chair farineuse. Il ne faut pas confondre les röstis et les galettes de pommes de terre : les premiers se préparent avec seulement la chair des pommes de terre râpée tandis que les secondes comportent d'autres ingrédients (œuf, crème, farine…).

1 kg de pommes de terre farineuses pelées
1 c. c. de sel
80 g de beurre doux
2 c. s. d'huile végétale

1 Râpez grossièrement les pommes de terre, salez-les et tamponnez-les délicatement avec du papier absorbant. Divisez la préparation en huit portions.
2 Faites chauffer 10 g de beurre et 1 cuillerée à soupe d'huile dans une poêle antiadhésive et faites cuire une portion de pommes de terre en l'aplatissant avec une spatule. Laissez dorer à feu moyen avant de retourner le rösti sur une grande assiette, puis remettez-le dans la poêle et faites-le cuire de l'autre côté. Égouttez sur du papier absorbant. Répétez l'opération avec le reste des ingrédients.

Par portion lipides 13 g ; 184 kcal

L'ASTUCE DU CHEF

Les röstis se mangent chaud mais vous pouvez les préparer 1 heure à l'avance et les conserver à four tiède, dans du papier d'aluminium.

Râpez grossièrement les pommes de terre dans un grand saladier.

Faites cuire les röstis un à un dans une poêle antiadhésive.

Retournez-les sur une assiette plate avant de les faire cuire sur l'autre face.

croquettes au pesto
et à la mozzarella
croquettes

Croquettes de pommes de terre

Pour 24 pièces.

PRÉPARATION 20 MINUTES • RÉFRIGÉRATION 1 HEURE • CUISSON 25 MINUTES

1 kg de pommes de terre pelées et grossièrement hachées
2 jaunes d'œufs
20 g de beurre
60 g de cheddar râpé
75 g de farine
2 œufs
2 c. s. de lait
100 g de chapelure
huile végétale pour la friture

1 Faites cuire les pommes de terre à l'eau ou à la vapeur puis égouttez-les. Écrasez-les grossièrement avec les jaunes d'œufs, le beurre et le fromage. Laissez reposer 30 minutes au réfrigérateur.

2 Farinez légèrement vos mains puis façonnez des croquettes avec les pommes de terre écrasées (comptez 1 cuillerée à soupe de préparation pour chaque croquette). Vous pouvez leur donner des formes variées : boulettes sphériques, bâtonnets rectangulaires ou arrondis… Passez les croquettes dans la farine, puis plongez-les dans le mélange œufs-lait avant de les saupoudrer uniformément de chapelure. Disposez les croquettes sur un plateau et laissez reposer 30 minutes au réfrigérateur.

3 Faites chauffer l'huile dans une friteuse ou dans une grande sauteuse et faites frire les croquettes en plusieurs fois, jusqu'à ce qu'elles soient dorées. Égouttez sur du papier absorbant avant de servir.

Par pièce lipides 5,8 g ; 112 kcal

VARIANTE

Pour varier les plaisirs, garnissez vos croquettes avec de la mozzarella et du pesto. Mixez 4 cuillerées à soupe de basilic frais, 1 cuillerée à soupe de pignons de pin, 1 cuillerée à soupe de parmesan râpé, 1 petite gousse d'ail, 2 cuillerées à café de jus de citron et 1 cuillerée à soupe d'huile d'olive. Incorporez ce pesto à la préparation à base de pommes de terre. Façonnez les boulettes en creusant un petit trou au centre avec le pouce (voir illustration ci-dessous à droite). Introduisez un cube de mozzarella dans ce trou avant de faire frire les croquettes.

Par pièce lipides 5,8 g ; 97 kcal

Faconnez les croquettes en pavés rectangulaires…

…ou en buchettes cylindriques.

Vous pouvez également les garnir à votre convenance.

Croquettes de pommes de terre au saumon

Pour 8 pièces.

PRÉPARATION 20 MINUTES • RÉFRIGÉRATION 30 MINUTES • CUISSON 20 MINUTES

1 kg de pommes de terre pelées
440 g de saumon en boîte
1 oignon brun émincé
1 c. s. de persil plat finement haché
1 c. c. de zeste de citron râpé
1 c. s. de jus de citron
75 g de farine
1 œuf
2 c. s. de lait
85 g de chapelure
huile végétale pour la friture

1 Faites cuire les pommes de terre à l'eau ou à la vapeur jusqu'à ce qu'elles soient juste tendres, égouttez-les puis écrasez-les dans un grand récipient.

2 Égouttez le saumon, éliminez les arêtes et la peau et incorporez-le à la purée de pommes de terre avec l'oignon, le persil, le zeste de citron et le jus de citron. Mélangez jusqu'à obtention d'une préparation homogène. Couvrez et laissez reposer au réfrigérateur 30 minutes.

3 Farinez vos mains et façonnez huit croquettes avec la préparation aux pommes de terre. Roulez-les dans la farine puis trempez-les dans le mélange œuf-lait avant de les enrober de chapelure.

4 Faites chauffer l'huile dans une friteuse ou une grande sauteuse faites frire les croquettes en plusieurs fois, jusqu'à ce qu'elles commencent à dorer. Égouttez-les sur du papier absorbant et servez aussitôt.

Par portion lipides 17,6 g ; 338 kcal

Les astuces du chef

• Vous pouvez préparer les croquettes la veille et les faire frire au moment de servir. Conservez-les au réfrigérateur, disposées en une seule couche sur un grand plateau et recouvertes de film alimentaire.

• Servez ces croquettes avec du mesclun et des tomates cerises. Accompagnez-les de quartiers de citron ou d'un fromage blanc parfumé à la menthe et à la moutarde à l'ancienne.

Retirez la peau et les arêtes du saumon et émiettez-le.

Façonnez plusieurs boulettes avant de les aplatir légèrement.

Trempez-les dans l'œuf battu avant de les enrober de chapelure.

Croquettes de pommes de terre aux oignons et au bacon

Pour 12 pièces.

PRÉPARATION 15 MINUTES • CUISSON 30 MINUTES

1 kg de pommes de terre pelées
4 oignons nouveaux émincés
4 tranches de bacon émincées
40 g de cheddar grossièrement râpé
2 c. s. de crème fraîche
75 g de farine
2 c. s. d'huile d'olive
50 g de beurre

1 Faites cuire les pommes de terre à l'eau ou à la vapeur puis égouttez-les. Écrasez-les avec un presse-purée jusqu'à obtention d'une purée lisse.

2 Faites revenir les oignons et le bacon dans une poêle antiadhésive, jusqu'à ce que le bacon soit croustillant. Incorporez ce mélange à la purée de pommes de terre avant d'ajouter le cheddar et la crème fraîche. Remuez bien.

3 Façonnez douze croquettes aplaties et passez-les dans la farine.

4 Faites chauffer l'huile et le beurre dans une grande sauteuse et faites cuire les croquettes en plusieurs fois, jusqu'à ce qu'elles soient dorées de toute part.

Par pièce lipides 10,8 g ; 178 kcal

L'ASTUCE DU CHEF

Pour une version plus diététique, utilisez du cheddar et de la crème fraîche allégés et servez ces croquettes avec une salade verte.

Beignets de pommes de terre

Pour 12 pièces.

PRÉPARATION 10 MINUTES • CUISSON 30 MINUTES

Ce plat traditionnel des États-Unis est parfois dégusté au petit déjeuner..

1 kg de pommes de terre avec la peau
1 petit oignon brun émincé
2 c. c. de romarin frais finement haché
60 g de ghee (beurre clarifié)

1 Faites cuire les pommes de terre à l'eau ou à la vapeur puis égouttez-les et laissez-les refroidir 10 minutes.
2 Pelez les pommes de terre et coupez-les en dés de 1 cm de côté. Mélangez-les avec les oignons et le romarin dans un récipient.
3 Façonnez des petits beignets ronds et aplatissez-les avec la paume de la main sans les écraser trop. Faites chauffer le ghee dans une sauteuse et faites frire les beignets en plusieurs fois, jusqu'à ce qu'ils soient bien dorés. Égouttez-les sur du papier absorbant.

Par portion lipides 5,1 g ; 92 kcal

L'ASTUCE DU CHEF

Vous pouvez remplacer le romarin par de la ciboulette, du thym ou du persil et utiliser un mélange de beurre et d'huile d'olive à la place du ghee.

Crêpes de pommes de terre à la ciboulette et à la crème fraîche

Pour 20 pièces.

PRÉPARATION 20 MINUTES • CUISSON 15 MINUTES

900 g de pommes de terre pelées
1 oignon brun émincé
2 c. s. de ciboulette fraîche ciselée
2 œufs, blancs et jaunes séparés
2 c. s. de farine
120 g de crème fraîche
160 ml d'huile végétale
80 g de beurre

1 Râpez les pommes de terre grossièrement et pressez-les dans un tamis fin pour éliminer le plus d'eau possible. Mettez-les dans un récipient avec l'oignon, la ciboulette, les jaunes d'œufs, la farine et la crème fraîche. Mélangez bien.

2 Battez les blancs en neige jusqu'à ce que de petits pics se forment à la surface, puis incorporez-les à la préparation de pommes de terre.

3 Faites chauffer 2 cuillerées à soupe d'huile et 20 g de beurre dans une poêle antiadhésive. Prélevez quelques cuillerées à soupe de préparation aux pommes de terre et faites-les frire en étalant bien la pâte jusqu'à ce que les crêpes ainsi obtenues soient dorées des deux côtés. Égouttez-les sur du papier absorbant et réservez-les au chaud pendant que vous faites cuire le reste de la préparation.

Par pièce lipides 13,6 g ; 153 kcal

L'astuce du chef

Ces crêpes se dégustent croustillantes. Il faut donc veiller à éliminer le maximum d'eau pour les réussir.

Beignets de pommes de terre et de patate douce au chorizo

Pour 40 pièces.

PRÉPARATION 25 MINUTES • CUISSON 15 MINUTES

2 c. s. d'huile végétale
200 g de chorizo émincé
1 oignon brun émincé
2 piments rouges épépinés et émincés
2 courgettes grossièrement râpées
450 g de pommes de terre pelées et grossièrement râpées
1 patate douce (250 g) pelée et grossièrement râpée
3 œufs légèrement battus
150 g de farine
1 c. c. de paprika doux
huile végétale pour la friture

Sauce au piment

120 g de fromage blanc
2 c. s. de sauce au piment doux

1 Faites chauffer l'huile dans une sauteuse et faites revenir le chorizo, l'oignon et le piment. Quand l'oignon est tendre, ajoutez les courgettes et laissez cuire 1 minute en remuant, puis laissez reposer 10 minutes hors du feu.

2 Mélangez cette préparation avec les pommes de terre, la patate douce, les œufs, la farine et le paprika.

3 Faites chauffer l'huile dans une sauteuse. À l'aide d'une cuillère à café, faite tomber plusieurs portions de préparation aux pommes de terre dans l'huile chaude et laissez frire jusqu'à ce que les beignets soient uniformément dorés. Retirez de l'huile avec une écumoire et égouttez sur du papier absorbant. Renouvelez l'opération jusqu'à ce qu'il ne reste plus de préparation. Servez aussitôt avec la sauce au piment.

Sauce au piment Mélangez le fromage blanc et la sauce au piment dans un bol pour obtenir une préparation onctueuse.

Par pièce lipides 4,1 g ; 64 kcal

Croquettes de pommes de terre à la truite fumée

Pour 12 pièces.

PRÉPARATION 25 MINUTES • CUISSON 45 MINUTES

1 kg de pommes de terre pelées et grossièrement hachées
1 gousse d'ail pilée
35 g de farine
2 œufs légèrement battus
2 c. s. de coriandre fraîche grossièrement hachée
1 c. c. de sambal oelek
1 c. c. de zeste de citron finement râpé
1 c. s. de jus de citron
400 g de truite fumée émiettée

1 Préchauffez le four à 170 °C et graissez deux plaques de cuisson.

2 Faites cuire les pommes de terre à l'eau ou à la vapeur puis égouttez-les et écrasez-les jusqu'à obtention d'une purée lisse. Incorporez enfin délicatement l'ail, la farine, les œufs, la coriandre, le sambal oelek, le zeste de citron, le jus de citron et la truite fumée.

3 Façonnez douze boulettes de ce mélange et aplatissez-les légèrement. Disposez-les en une seule couche sur les plaques de cuisson et faites-les cuire 30 minutes au four, jusqu'à ce qu'elles soient bien dorées. Retournez-les au moins deux fois en cours de cuisson. Servez avec des quartiers de citron.

Par pièce lipides 1,9 g ; 95 kcal

Röstis de pommes de terre aux poivrons grillés et au prosciutto

Pour 4 personnes.

PRÉPARATION 15 MINUTES • CUISSON 30 MINUTES

1 petit poivron rouge
1 petit poivron jaune
90 g de tomates séchées conservées dans l'huile
1 kg de pommes de terre pelées
80 g de beurre doux
8 c. s. d'huile végétale
2 c. s. d'huile d'olive
8 tranches de prosciutto
20 g de pousses d'épinards
50 g de parmesan en copeaux

1 Coupez les poivrons en quatre et retirez les pépins et les membranes. Faites griller les poivrons au four jusqu'à ce que la peau se boursoufle et noircisse. Mettez-les dans un récipient et couvrez de film alimenatire puis laissez reposer 15 minutes. Pelez les poivrons et coupez-les en lanières. Hachez les tomates séchées en menu morceaux et mélangez-les avec les poivrons.

2 Râpez grossièrement les pommes de terre puis égouttez-les en les pressant fermement dans un tamis fin. Divisez la préparation en huit portions.

3 Faites chauffer 10 g de beurre et 1 cuillerée à soupe d'huile végétale dans une poêle antiadhésive et faites frire un rösti en l'aplatissant avec une spatule. Quand il est bien doré sur une face, retournez-le sur une assiette avant de le faire cuire sur l'autre face. Égouttez-le sur du papier absorbant et couvrez-le d'une feuille de papier d'aluminium pour le garder au chaud pendant que vous préparez les autres röstis.

4 Faites chauffer l'huile d'olive dans une poêle et faite revenir le prosciutto jusqu'à ce qu'il soit croquant. Répartissez la moitié des röstis sur les assiettes de service, garnissez de pousses d'épinards, de prosciutto et de poivron, ajoutez quelques copeaux de parmesan avant de fermer le tout avec les röstis restants.

Par portion lipides 29,4 g ; 471 kcal

Croquettes de pommes de terre au maïs

Pour 12 pièces.

PRÉPARATION 25 MINUTES • CUISSON 30 MINUTES

800 g de pommes de terre pelées
1 épi de maïs paré
2 jaunes d'œufs
300 g de crème de maïs
45 g de chapelure
2 c. s. de persil plat finement haché
35 g de farine
50 g de beurre
60 ml d'huile végétale

1 Faites cuire les pommes de terre à l'eau ou à la vapeur, puis égouttez-les.

2 Détachez les grains de maïs de l'épi avec un couteau pointu.

3 Écrasez les pommes de terre en purée puis ajoutez les grains de maïs, les jaunes d'œufs, la crème de maïs, la chapelure et le persil. Mélangez bien.

4 Farinez vos mains et façonnez douze boulettes que vous aplatissez ensuite légèrement avant de les passer dans la farine. Faites chauffer un tiers du beurre et 1 cuillerée à soupe d'huile dans une sauteuse et faites frire les croquettes en plusieurs fois. Quand elles sont dorées de toute part, égouttez-les sur du papier absorbant. Servez avec une salade verte.

Par pièce lipides 9,6 g ; 182 kcal

Chaussons aux légumes

Pour 12 pièces.

PRÉPARATION 30 MINUTES • RÉFRIGÉRATION 10 MINUTES • CUISSON 45 MINUTES

1 c. s. d'huile d'olive
1 oignon rouge grossièrement haché
2 gousses d'ail pilées
1 poivron rouge émincé
1 poivron jaune émincé
250 g de champignons grossièrement hachés
60 ml de vin rouge sec
2 tomates grossièrement hachées
900 g de tomates pelées en conserve
200 g de pommes de terre pelées et grossièrement hachées
110 g de farine
1/4 c. c. de bicarbonate de soude
2 œufs
430 ml de babeurre
3 c. s. de basilic frais grossièrement haché
40 g de parmesan râpé

1 Faites chauffer l'huile dans une sauteuse et faites suer l'oignon et l'ail. Quand l'oignon est tendre, ajoutez les poivrons et les champignons. Laissez cuire 5 minutes puis incorporez le vin, les tomates fraîches et la moitié des tomates en conserve avec leur jus. Portez à ébullition puis laissez mijoter 10 minutes à feu doux pour que le mélange épaississe.

2 Pendant ce temps, faites cuire les pommes de terre à l'eau ou à la vapeur, puis égouttez-les et écrasez-les en purée.

3 Saupoudrez la farine et le bicarbonate de soude sur les pommes de terre, mélangez bien puis ajoutez graduellement les œufs battus et le babeurre jusqu'à obtention d'une préparation homogène. Couvrez et réfrigérez 10 minutes.

4 Préchauffez le four à 180 °C. Graissez légèrement une poêle antiadhésive et faites cuire douze pancakes en utilisant la pâte à base de pommes de terre. Laissez refroidir 10 minutes.

5 Étalez la garniture de légumes sur les pancakes puis roulez ces derniers pour enrober la garniture. Mettez les chaussons obtenus dans un plat à gratin.

6 Écrasez le reste des tomates en conserve puis mélangez-les avec le basilic et le parmesan. Versez cette sauce sur les pancakes. Mettez le plat au four et laissez cuire 15 minutes.

Par pièce lipides 6,5 g ; 153 kcal

Boulettes de pommes de terre aux épinards et à la feta

Pour 24 pièces.

PRÉPARATION 35 MINUTES • CUISSON 30 MINUTES

450 g de pommes de terre pelées et grossièrement hachées
50 g de beurre
160 ml d'eau
1 c. c. de sel
75 g de farine
2 œufs
huile végétale pour la friture

Garniture aux épinards

180 g de feuilles d'épinards émincées
150 g de feta émiettée

1 Faites cuire les pommes de terre à l'eau ou à la vapeur, puis égouttez-les et écrasez-les. Couvrez pour maintenir au chaud.

2 Préparez la garniture aux épinards.

3 Faites fondre le beurre dans une casserole, ajoutez l'eau et le sel et portez à ébullition. Retirez du feu et versez la farine. Avec une cuillère en bois, mélangez jusqu'à formation d'une boule de pâte. Ajoutez les œufs et les pommes de terre écrasées puis travaillez vigoureusement le mélange à la spatule pour obtenir une pâte lisse.

4 Façonnez des boulettes de la valeur d'une cuillerée à soupe de pâte. Faites un trou au centre de chaque boulette et introduisez un peu de garniture aux épinards puis roulez délicatement la boulette pour que la pâte vienne recouvrir la garniture.

5 Faites chauffer une grande quantité d'huile dans une sauteuse et faites frire les boulettes jusqu'à ce qu'elles soient dorées. Égouttez-les sur du papier absorbant et servez aussitôt.

Garniture aux épinards Faites cuire les épinards à l'eau ou à la vapeur puis égouttez-les. Passez-les sous l'eau froide pour stopper la cuisson avant de les égoutter à nouveau en les pressant fermement dans un tamis fin. Mélangez les épinards avec la feta émiettée.

Par pièce lipides 6,2 g ; 84 kcal

Latkes

Pour 12 pièces.

PRÉPARATION 15 MINUTES • CUISSON 15 MINUTES

Les latkes sont des galettes de pommes de terre consommées traditionnellement lors des fêtes juives.

1 kg de pommes de terre pelées
1 oignon brun émincé
2 œufs légèrement battus
55 g de polenta
80 ml d'huile végétale
100 g de compote de pommes
2 c. s. de crème fraîche

1. Râpez grossièrement les pommes de terre puis égouttez-les soigneusement en les pressant dans un tamis fin. Mettez-les dans un récipient avec l'oignon, les œufs et la polenta. Mélangez bien.
2. Farinez vos mains puis formez douze galettes assez fines.
3. Faites chauffer l'huile dans une sauteuse et faites frire les latkes en plusieurs fois, jusqu'à ce qu'ils soient dorés des deux côtés. Égouttez-les sur du papier absorbant et servez-les nappés de compote de pommes et de crème fraîche.

Par pièce lipides 8,7 g ; 152 kcal

Blinis de pommes de terre à la salsa de tomate-avocat

Pour 25 pièces.

PRÉPARATION 30 MINUTES • CUISSON 30 MINUTES

200 g de pommes de terre pelées
110 g de farine à levure incorporée
1/2 c. c. de bicarbonate de soude
1 œuf
180 ml de lait
1 c. c. de zeste de citron finement râpé
100 g de beurre fondu

Salsa de tomate-avocat

60 ml de jus de citron
60 ml d'huile d'olive
1 gousse d'ail pilée
2 tomates épépinées et coupées en petits cubes
2 c. s. de persil plat ciselé
1 petit oignon rouge émincé
1 avocat coupé en petits cubes
1 c. s. de câpres égouttées

Sauce au raifort

1 c. c. de raifort
80 g de crème fraîche
1/4 c. c. de paprika doux

1 Faites cuire les pommes de terre à l'eau ou à la vapeur puis égouttez-les. Écrasez-les jusqu'à obtention d'une purée lisse avant d'ajouter la farine et le bicarbonate de soude.

2 Faites un puits au centre de cette préparation et incorporez l'œuf battu avec le lait et le zeste de citron. Travaillez le mélange à la spatule pour obtenir une pâte lisse et fluide.

3 Graissez une poêle antiadhésive avec un peu de beurre fondu et faites-la chauffer avant d'y verser environ 2 cuillerées à soupe de pâte pour former une petite crêpe. Laissez cuire jusqu'à ce qu'elle soit dorée des deux côtés puis réservez. Répétez l'opération avec le reste de beurre et de pâte.

4 Servez les blinis tièdes ou froids, nappés de salsa et de sauce au raifort.

Salsa de tomate-avocat Mélangez délicatement tous les ingrédients dans un récipient.

Sauce au raifort Mélangez les ingrédients jusqu'à obtention d'une sauce homogène.

Par pièce lipides 8,7 g ; 104 kcal

Pakhoras de pommes de terre aux épices

Pour 24 pièces.

PRÉPARATION 20 MINUTES • CUISSON 20 MINUTES

Les pakhoras sont des petits beignets indiens fourrés aux légumes, à la viande ou au poisson.

400 g de pommes de terre pelées et coupées en dés de 1 cm
250 g de patate douce pelée et coupée en dés de 1 cm
225 g de farine de pois chiche
1/2 c. c. de bicarbonate de soude
180 ml d'eau
2 c. c. d'huile d'arachide
2 gousses d'ail pilées
1/2 c. c. de curcuma moulu
1 c. c. de cumin moulu
1/2 c. s. de piments séchés grossièrement pilés
2 oignons verts émincés
huile végétale pour la friture

Raïta à la coriandre

280 g de yaourt à la grecque
3 c. s. de coriandre fraîche grossièrement ciselée
1 c. c. de cumin moulu

1 Faites cuire les pommes de terre et la patate douce à l'eau ou à la vapeur puis égouttez-les. Laissez refroidir 10 minutes.

2 Mélangez la farine de pois chiche et le bicarbonate dans un récipient puis versez l'eau graduellement en remuant sans cesse, jusqu'à obtention d'une pâte lisse.

3 Faites chauffer l'huile dans une poêle antiadhésive et faites revenir l'ail, le curcuma, le cumin et le piment jusqu'à ce que le mélange embaume. Ajoutez cette préparation à la pâte puis incorporez les pommes de terre et les oignons.

4 Faites chauffer l'huile dans une sauteuse, versez plusieurs cuillerées de pâte dans l'huile bouillante et laissez frire jusqu'à ce que les pakhoras soient dorés. Retirez-les avec une écumoire et égouttez-les sur du papier absorbant. Servez avec le raïta.

Raïta à la coriandre Mélangez tous les ingrédients dans un bol, couvrez et laissez 30 minutes au réfrigérateur.

Par pièce lipides 3,4 g ; 72 kcal

Croquettes à la polenta et au parmesan

Pour 8 pièces.

PRÉPARATION 20 MINUTES • CUISSON 25 MINUTES

1 kg de pommes de terre pelées
100 g de prosciutto émincé
1 petit oignon rouge émincé
1 petit bulbe de fenouil émincé
1 œuf légèrement battu
50 g de farine
55 g de polenta
40 g de parmesan râpé
60 ml d'huile d'olive

1 Faites cuire les pommes de terre à l'eau ou à la vapeur et égouttez-les. Écrasez-les en purée puis incorporez le prosciutto, l'oignon, le fenouil, l'œuf et la farine.

2 Farinez vos mains et façonnez huit boulettes que vous aplatissez ensuite. Mélangez la polenta et le fromage. Passez les croquettes dans ce mélange.

3 Faites chauffer l'huile dans une sauteuse et faites frire les croquettes en plusieurs fois, jusqu'à ce qu'elles soient dorées. Égouttez-les sur du papier absorbant et servez aussitôt.

Par pièce lipides 10,5 g ; 232 kcal

Beignets de pommes de terre au fromage de chèvre

Pour 32 pièces.

PRÉPARATION 10 MINUTES • CUISSON 20 MINUTES

600 g de pommes de terre pelées

60 ml de crème fraîche

1/4 c. c. de noix de muscade râpée

3 œufs légèrement battus

2 jaunes d'œufs légèrement battus

75 g de farine

250 g de fromage de chèvre émietté

2 c. s. de persil plat grossièrement haché

huile végétale pour la friture

1 Faites cuire les pommes de terre à l'eau ou à la vapeur et égouttez-les. Écrasez-les en purée avec la crème fraîche et la noix de muscade. Incorporez les œufs et les jaunes d'œufs, puis la farine, le fromage de chèvre et le persil. Travaillez le mélange avec une cuillère en bois pour obtenir une préparation homogène.

2 Faites chauffer l'huile dans une sauteuse. Prélevez des cuillerées à soupe de ce mélange, jetez-les dans l'huile bouillante et faites-les frire pour qu'elles dorent de toute part. Égouttez sur du papier absorbant et servez aussitôt.

Par pièce lipides 4,8 g ; 69 kcal

Pommes de terre au four

Réussir les pommes de terre rôties

Pour 4 personnes.

PRÉPARATION 10 MINUTES • CUISSON 55 MINUTES

Les pommes de terre au four doivent être croustillantes et dorées à l'extérieur, tendres à l'intérieur, sans être trop grasses. Choisissez une très bonne huile d'olive pour les badigeonner et creusez la surface avec la pointe d'une fourchette pour que les pommes de terre soient plus croustillantes. Mettez-les à rôtir dans un four très chaud et disposez-les en une seule couche dans un plat ou sur une plaque de cuisson.

1 kg de pommes de terre pelées et coupées en deux
2 c. s. d'huile d'olive

1 Préchauffez le four à 220 °C. Graissez légèrement une plaque de cuisson.

2 Faites cuire les pommes de terre à l'eau ou à la vapeur pendant 5 minutes, égouttez-les et essuyez-les avec du papier absorbant, puis laissez refroidir 10 minutes.

3 Avec les dents d'une fourchette, tracez des sillons à la surface de chaque pomme de terre puis disposez les pommes de terre en une seule couche sur la plaque de cuisson. Badigeonnez-les d'huile et faites-les rôtir 50 minutes au four, jusqu'à ce qu'elles soient dorées et croustillantes.

Par portion lipides 9,8 g ; 264 kcal

Essuyez soigneusement les pommes de terre avec du papier absorbant.

Grattez la partie bombée avec les dents d'une fourchette pour creuser des sillons en surface.

Étalez les pommes de terre sur une plaque de cuisson puis badigeonnez-les d'huile avant de les faire cuire au four.

Pommes de terre rôties à la suédoise

Pour 4 personnes.

PRÉPARATION 20 MINUTES • CUISSON 1 H 10

Cette recette donne des pommes de terre très croustillantes qui accompagnent à merveille les viandes.

1 kg de pommes de terre pelées
40 g de beurre fondu
2 c. s. d'huile d'olive
25 g de chapelure
60 g de cheddar râpé

1 Préchauffez le four à 180 °C.
2 Coupez les pommes de terre en deux dans la longueur puis coupez chaque moitié en tranches fines en vous arrêtant à 3 mm de la base.
3 Mélangez le beurre et l'huile dans un plat et disposez-y les pommes de terre en une seule couche puis laissez-les rôtir 45 minutes au four, en les arrosant régulièrement de graisse. Poursuivez la cuisson pendant 15 minutes sans les arroser.
4 Saupoudrez uniformément la chapelure et le fromage sur les pommes de terre et remettez-les au four pendant 10 minutes, jusqu'à ce que les pommes de terre soient dorées.

Par portion lipides 23,2 g ; 392 kcal

Pour éviter de couper les pommes de terre jusqu'à la base, aidez-vous de petites baguettes en bois.

Coupez les pommes de terre en tranches fines en arrêtant le couteau au niveau des baguettes.

Quand les pommes de terre sont presque cuites, saupoudrez-les de fromage avant de les laisser dorer quelques minutes au four.

Pommes de terre au four

Pour 8 pièces.

PRÉPARATION 5 MINUTES • CUISSON 1 HEURE

8 pommes de terre avec la peau

1 Préchauffez le four à 180 °C.

2 Piquez les pommes de terre avec une fourchette. Enveloppez-les dans du papier d'aluminium et mettez-les sur une plaque de cuisson. Laissez-les cuire 1 heure jusqu'à ce qu'elles soient tendres. Garnissez-les éventuellement au moment de servir.

Par portion lipides 0,2g; 478 kcal

Piquez les pommes de terre de part en part avec une fourchette.

Enveloppez-les dans une feuille de papier d'aluminium.

Avant de les envelopper, vous pouvez les badigeonner d'huile et les enrober de sel pour les rendre plus croustillantes.

Sauces d'accompagnement

PRÉPARATION 5 MINUTES

Crème de fromage et pesto

Mélangez 4 cuillerées à soupe de fromage frais à tartiner, 1/2 cuillerée à café de poivre noir et 2 cuillerée à soupe de pesto. Réfrigérez jusqu'au moment de servir.

Par portion lipides 10 g ; 218 kcal

Yaourt au citron et aux piments

Mélangez 200 g de yaourt nature, 2 cuillerée à soupe de coriandre ciselée, 2 piments rouges frais émincés et 1 cuillerée à café de zeste de citron râpé. Réfrigérez jusqu'au moment de servir.

Par portion lipides 1 g ; 132 kcal

Sauce moutarde aux noix

Mélangez 60 g de beurre, 1 cuillerée à soupe de moutarde à l'ancienne et 2 cuillerées à soupe de noix grillées et broyées. Réfrigérez jusqu'au moment de servir.

Par portion lipides 7,8 g ; 184 kcal

Yaourt au citron
et aux piments
Sauce moutarde aux noix
Crème de fromage et pesto

Pommes de terre Anna

Pour 6 personnes.

PRÉPARATION 20 MINUTES • CUISSON 50 MINUTES

1,2 kg de pommes de terre pelées
100 g de beurre fondu

1 Préchauffez le four à 220 °C. Graissez un plat à gâteau rond de 26 cm de diamètre.

2 Coupez les pommes de terre en tranches fines et essuyez-les avec du papier absorbant.

3 Tapissez de tranches de pommes de terre le fond du moule en les faisant se chevaucher et badigeonnez-les de beurre fondu. Répétez l'opération. Couvrez avec une feuille d'aluminium et faites cuire 20 minutes au four.

4 Retirez la feuille d'aluminium. Avec une spatule, appuyez fermement sur les pommes de terre. Baissez la température du four et poursuivez la cuisson pendant 30 minutes, jusqu'à ce que les pommes de terre soient dorées et croustillantes en surface. Coupez en quartiers et servez.

Par portion lipides 13,8 g ; 232 kcal

Timbale de pommes de terre aux herbes

Pour 4 personnes.

PRÉPARATION 25 MINUTES • CUISSON 30 MINUTES

500 g de pommes de terre avec la peau
100 g de beurre fondu
2 gousses d'ail pilées
60 g de parmesan râpé
6 oignons verts émincés
3 c. s. de persil plat grossièrement haché

1 Préchauffez le four à 220 °C. Chemisez de papier sulfurisé le fond et les côtés de quatre moules à gâteau individuels.

2 Coupez les pommes de terre en tranches fines et essuyez-les avec du papier absorbant. Disposez une couche de pommes de terre dans le moule, nappez de beurre et d'ail mélangés puis garnissez de fromage, d'oignon et de persil. Recommencez l'opération en faisant alterner les ingrédients et terminez par une couche de pommes de terre. Couvrez chaque moule de papier d'aluminium et faites cuire 30 minutes au four pour que les pommes de terre soient tendres. Laissez reposer 5 minutes avant de démouler et de servir.

Par portion lipides 25,6 g ; 336 kcal

Lasagnes de pommes de terre

Pour 6 personnes.

PRÉPARATION 20 MINUTES • CUISSON 1 H 10

1,2 kg de pommes de terre pelées
150 g de jambon haché
300 ml de crème fraîche
180 ml de lait écrémé
90 g de gruyère râpé

1 Préchauffez le four à 180 °C et graissez un plat à gratin.

2 Coupez les pommes de terre en tranches fines et essuyez-les avec du papier absorbant. Disposez un quart des pommes de terre en une couche dans le plat, ajoutez un tiers du jambon puis recommencez l'opération en terminant par une couche de pommes de terre.

3 Faites chauffer la crème et le lait dans une casserole jusqu'au point d'ébullition puis versez cet appareil sur les pommes de terre. Couvrez avec une feuille d'aluminium et laissez cuire 30 minutes au four. Retirez la feuille d'aluminium et poursuivez la cuisson pendant 20 minutes. Parsemez de fromage râpé et laissez cuire encore 20 minutes jusqu'à ce que les pommes de terre soient tendres. Laissez reposer 10 minutes avant de servir.

Par portion lipides 28,7 g ; 417 kcal

Pommes de terre Byron

Pour 4 personnes.

PRÉPARATION 10 MINUTES • CUISSON 1 H 10

1 kg de pommes de terre avec la peau
60 g de beurre en dés
125 ml de crème fraîche
20 g de parmesan râpé
30 g de gruyère râpé

1 Préchauffez le four à 180 °C et graissez quatre ramequins.
2 Piquez les pommes de terre avec une fourchette et faites-les cuire au four pendant 1 heure jusqu'à ce qu'elles soient tendres. Couvrez et laissez reposer 10 minutes à température ambiante.
3 Pelez les pommes de terre et écrasez la chair en purée avec le beurre.
4 Montez la température du four à 200 °C. Transférez la purée dans les ramequins, nappez de crème et parsemez de parmesan et de gruyère. Faites gratiner 10 minutes au four.

Par portion lipides 29,8 g ; 447 kcal

Pommes de terre à la portugaise

Pour 6 personnes.

PRÉPARATION 15 MINUTES • CUISSON 50 MINUTES

Le piri-piri est une sauce originaire du Portugal à base de piments, d'ail, de gingembre, d'huile et d'herbes aromatiques. Vous pouvez vous la procurer dans les épiceries fines.

- **600 g de pommes de terre pelées et coupées en cubes**
- **2 c. s. d'huile d'olive**
- **2 gousses d'ail pilées**
- **1 oignon brun grossièrement haché**
- **4 tomates grossièrement hachées**
- **2 c. c. de paprika doux**
- **2 c. c. de thym frais haché**
- **125 ml de bouillon de volaille**
- **1 c. s. de sauce piri-piri**
- **1 c. s. de persil plat grossièrement haché**

1 Préchauffez le four à 180 °C.

2 Mélangez les pommes de terre et la moitié de l'huile dans un plat puis faites-les rôtir 30 minutes au four.

3 Pendant ce temps, faites chauffer le reste d'huile dans une sauteuse et faites revenir l'ail et l'oignon. Quand l'oignon est tendre, ajoutez les tomates, le paprika et le thym. Laissez frémir jusqu'à ce que les tomates soient fondues. Versez le bouillon et la sauce piri-piri. Portez à ébullition puis laissez mijoter 10 minutes à feu doux, en remuant régulièrement, jusqu'à épaississement.

4 Retirez les pommes de terre du four. Ramenez le thermostat à 150 °C.

5 Versez la sauce sur les pommes de terre et laissez cuire 20 minutes au four. Parsemez de persil et servez aussitôt.

Par portion lipides 6,7 g ; 144 kcal

Pommes de terre gratinées au romarin et au fromage

Pour 6 personnes.

PRÉPARATION 15 MINUTES • CUISSON 1 H 20

1 kg de pommes de terre pelées
300 ml de crème fraîche
2 gousses d'ail pilées
2 cubes de bouillon de volaille émiettés
1/2 c. c. de poivre noir concassé
1 c. s. de romarin frais ciselé
40 g de parmesan râpé

1 Préchauffez le four à 180 °C. Graissez un plat à gratin.

2 Coupez les pommes de terre en tranches fines et essuyez-les avec du papier absorbant. Mélangez la crème, l'ail, les cubes de bouillon, le poivre et le romarin dans un récipient.

3 Disposez un quart des pommes de terre dans le plat, en les faisant se chevaucher. Nappez-les d'un quart du mélange de crème puis répétez l'opération avec le reste des ingrédients.

4 Pressez fermement sur les pommes de terre avec une spatule en bois, saupoudrez de parmesan puis couvrez avec une feuille d'aluminium et laissez cuire 1 heure au four. Retirez la feuille d'aluminium et poursuivez la cuisson pendant 20 minutes, jusqu'à ce que les pommes de terre soient tendres et le fromage bien doré. Laissez reposer 10 minutes et servez.

Par portion lipides 23,9 g ; 325 kcal

Tiella

Pour 8 personnes.

PRÉPARATION 30 MINUTES • CUISSON 1 H 30

Originaire du sud-est de l'Italie, la tiella est une recette à base d'aubergines et de pommes de terre. Ce nom sert aussi à désigner l'ustensile utilisé pour sa préparation.

2 petites aubergines
2 c. s. de gros sel
1 kg de tomates pelées, épépinées et émincées
1 oignon brun émincé
2 branches de céleri parées et émincées
2 gousses d'ail pilées
1 c. s. d'origan frais ciselé
1 c. s. de persil plat ciselé
1 kg de pommes de terre pelées
60 ml d'huile d'olive
2 c. s. de feuilles d'origan frais

1 Coupez les aubergines en fines rondelles et saupoudrez-les de sel. Laissez-les dégorger dans une passoire pendant 1 heure, puis rincez-les à l'eau froide et essuyez-les avec du papier absorbant.
2 Préchauffez le four à 180 °C.
3 Mélangez les tomates, l'oignon, le céleri, l'ail, l'origan ciselé et le persil dans un récipient.
4 Coupez les pommes de terre en tranches fines et essuyez-les avec du papier absorbant. Disposez la moitié des pommes de terre dans un plat à gratin graissé puis ajoutez la moitié des aubergines et la moitié des tomates. Arrosez avec 30 ml d'huile. Répétez l'opération.
5 Couvrez avec une feuille d'aluminium et laissez cuire 1 heure au four, jusqu'à ce que les légumes soient tendres. Parsemez la tiella de feuilles d'origan et servez.

Par portion lipides 7,6 g ; 161 kcal

Gratin de pommes de terre et de fenouil

Pour 8 personnes.

PRÉPARATION 20 MINUTES • CUISSON 1 H 15

800 g de pommes de terre pelées
2 petits fenouils émincés
1 c. s. de farine
430 ml de crème fraîche
60 ml de lait
20 g de beurre
90 g de cheddar râpé
50 g de chapelure

1 Préchauffez le four à 180 °C. Graissez un plat à gratin.

2 Coupez les pommes de terre en tranches fines et essuyez-les avec du papier absorbant. Disposez un quart des pommes de terre dans le plat, recouvrez-les avec un tiers du fenouil, puis répétez l'opération. Terminez par une couche de pommes de terre.

3 Délayez la farine dans un peu de crème puis ajoutez le reste de crème et le lait. Versez cette préparation sur les pommes de terre et parsemez de noisettes de beurre. Couvrez avec une feuille d'aluminium et laissez cuire 1 heure au four. Retirez la feuille d'aluminium, ajoutez le cheddar et saupoudrez de chapelure. Faites gratiner 15 minutes puis retirez du four et servez.

Par portion lipides 29,5 g ; 370 kcal

Purées, gnocchis et gratins

Réussir les purées

Pour 4 personnes.

PRÉPARATION 10 MINUTES • CUISSON 20 MINUTES

1 kg de pommes de terre pelées et coupées en morceaux de 3 cm
40 g de beurre ramolli
180 ml de lait chaud

1 Faites cuire les pommes de terre 15 minutes dans un grand volume d'eau bouillante salée puis égouttez-les.

2 Avec le dos d'une cuillère en bois, pressez les pommes de terre dans un tamis, au-dessus d'un récipient. Ajoutez le beurre et le lait. Remuez jusqu'à obtention d'une purée onctueuse. Salez et poivrez à votre convenance et servez.

Par portion lipides 10,1 g ; 242 kcal

Les astuces du chef

- N'utilisez pas de robot électrique pour faire votre purée car elle deviendrait collante.
- Vous devez écraser les pommes de terre avec une cuillère en bois ou un presse-purée quand elles sont encore chaudes.
- La quantité de lait dépend de la variété des pommes de terre.

Trois ustensiles pour faire les purées : le tamis…

…le presse-purée…

…et le moulin à légumes.

Purées mélangées

Pour 4 personnes.

Pommes de terre et poivrons

Coupez 2 poivrons en quatre, retirez les pépins et les membranes puis faites griller la chair au four, jusqu'à ce que la peau noircisse et gonfle. Couvrez avec du film alimentaire pendant 5 minutes puis pelez les poivrons et hachez-les finement. Pendant ce temps, faites cuire 1 kg de pommes de terre coupées en morceaux à l'eau ou à la vapeur puis égouttez-les. Écrasez-les en purée en incorporant progressivement 120 ml de crème fraîche et 20 g de beurre ramolli. Ajoutez les poivrons et mélangez.

Par portion lipides 17,8 g ; 314 kcal

Pommes de terre et pois cassés

Faites cuire 1 kg de pois cassés à l'eau ou à la vapeur jusqu'à ce qu'ils soient juste tendres puis égouttez-les. Mixez-les au robot électrique. Ajoutez 2 cuillerées à soupe de crème fraîche cha ude et mélangez. Faites cuire 1 kg de pommes de terre à l'eau ou à la vapeur puis égouttez-les. Écrasez-les en purée puis mélangez-les avec la purée de pois cassés et incorporez à cette préparation 40 g de beurre fondu et 2 cuillerées à soupe de crème fraîche chaude.

Par portion lipides 17,5 g ; 332 kcal

’ommes de terre :t patate douce

ıites cuire séparément, à l'eau ou la vapeur, 500 g de pommes de ːrre et 500 g de patates douces ɔrès les avoir coupées en gros cubes. gouttez-les puis écrasez-les en purée ı incorporant progressivement 40 g e beurre fondu et 30 ml de bouillon e volaille chaud, jusqu'à obtention 'une préparation onctueuse.

ar portion lipides 8,5 g ; 213 kcal

Pommes de terre et fenouil

Émincez un gros bulbe de fenouil. Faites fondre 60 g de beurre dans une sauteuse et faites suer le fenouil 10 minutes à feu doux, jusqu'à ce qu'il soit très tendre, puis mixez-le. Pendant ce temps, faites cuire 1 kg de pommes de terre en morceaux à l'eau ou à la vapeur puis égouttez-les. Écrasez-les grossièrement puis mélangez-les avec le fenouil et 120 g de crème fraîche chaude jusqu'à obtention d'une purée onctueuse.

Par portion lipides 26 g ; 390 kcal

Pommes de terre et épinards

Faites cuire séparément, à l'eau ou à la vapeur, 1 kg de pommes de terre en morceaux et 220 g d'épinards puis égouttez. Mixez les épinards avec 40 g de beurre. Écrasez les pommes de terre en purée avant d'incorporer les épinards et 120 g de crème fraîche chaude. Remuez jusqu'à obtention d'une purée onctueuse.

Par portion lipides 22 g ; 344 kcal

’ommes de terre :t petits pois

'aites cuire séparément, à l'eau ou à ı vapeur, 1 kg de pommes de terre :n morceaux et 200 g de petits pois urgelés puis égouttez. Écrasez les ɔommes de terre en purée. Ajoutez 5 cl de lait chaud et 50 g de beurre amolli. Mélangez jusqu'à obtention l'une purée onctueuse. Avec une ourchette, écrasez les petits pois et ncorporez-les à la purée.

’ar portion lipides 12 g ; 283 kcal

Pommes de terre et céleri

Faites cuire séparément, à l'eau ou à la vapeur, 800 g de pommes de terre en morceaux et 1 kg de céleri rave coupé en gros cubes puis égouttez. Écrasez le tout en incorporant progressivement 120 g de crème fraîche chaude et 60 g de beurre ramolli, jusqu'à obtention d'une purée onctueuse.

Par portion lipides 13,1 g ; 283 kcal

Pommes de terre et potiron

Faites cuire séparément, à l'eau ou à la vapeur, 500 g de pommes de terre en morceaux et 500 g de potiron en gros cubes. Égouttez-les avant de les écraser ensemble en purée avec 30 g de beurre.

Par portion lipides 13,1 g ; 283 kcal

Purées aromatisées

Pour 4 personnes.

PRÉPARATION 10 MINUTES • CUISSON 20 MINUTES

1 kg de pommes de terre pelées et coupées en cubes
50 g de beurre ramolli
125 ml de crème fraîche chaude

1 Faites cuire les pommes de terre 15 minutes à l'eau ou à la vapeur puis égouttez-les.

2 Écrasez-les dans un tamis ou au presse-purée en incorporant progressivement le beurre, la crème fraîche et un des ingrédients ci-dessous. Remuez jusqu'à obtention d'une purée onctueuse.

Par portion lipides 23,8 g ; 354 kcal

- 4 gousses d'ail pilées
- 340 g d'asperges en conserve (égouttées et émincées) et 50 g de parmesan râpé
- 300 g de crème de maïs
- 2 c. s. de wasabi
- 1 c. s. de tomates séchées conservées dans l'huile
- 2 c. s. de pesto
- 180 g de thon en conserve égoutté et émietté
- 3 c. c. de sambal oelek

apple sauce
pesto
ail pilé
crème de maïs
tuna
sambal oelek
asperges
tomates séchées
wasabi

Gnocchis

Pour 8 personnes.

PRÉPARATION 30 MINUTES • RÉFRIGÉRATION 1 HEURE • CUISSON 25 MINUTES

1 kg de pommes de terre avec la peau
2 œufs légèrement battus
30 g de beurre fondu
20 g de parmesan râpé
300 g de farine
30 g de beurre en petits dés

1 Faites cuire les pommes de terre à l'eau ou à la vapeur puis égouttez-les. Écrasez-les en purée dans un saladier. Incorporez ensuite les œufs, le beurre fondu, le parmesan et la farine. Travaillez ce mélange à la spatule pour obtenir une pâte lisse et ferme.

2 Divisez la pâte en douze cylindres de 2 cm de diamètre puis coupez ces derniers en tronçons de 2 cm d'épaisseur.

3 Roulez délicatement chaque morceau sur les dents d'une fourchette pour obtenir des boulettes de pâte rainurées sur toute la surface puis déposez-les sur une plaque de cuisson farinée et mettez-les 1 heure au réfrigérateur.

4 Pour faire cuire les gnocchis, plongez-les dans un grand volume d'eau bouillante salée. Dès qu'ils remontent à la surface, retirez-les avec une écumoire puis égouttez-les soigneusement avant de les mettre dans un plat creux avec le beurre en morceaux. Mélangez bien et servez chaud avec une sauce.

Par portion lipides 5,8 g ; 258 kcal

Incorporez progressivement la farine jusqu'à ce que la pâte soit ferme et lisse.

Travaillez du bout des doigts la pâte pour former de longs rouleaux que vous détaillez ensuite en tronçons.

Roulez les morceaux obtenus et aplatissez-les légèrement sur les dents d'une fourchette pour dessiner un motif dans la pâte.

Sauce au basilic

PRÉPARATION 10 MINUTES • CUISSON 5 MINUTES

2 gousses d'ail coupées en quatre
40 g de pignons de pin grillés
20 g de parmesan finement râpé
4 c. s. de basilic frais
80 ml d'huile d'olive
125 ml de crème fraîche

1 Mixez l'ail, les pignons de pin, le parmesan et le basilic puis versez progressivement l'huile sans cesser de mixer, jusqu'à épaississement.

2 Au moment de servir, faites chauffer rapidement le pesto avec la crème fraîche. Nappez les gnocchis de cette sauce.

Par portion lipides 20,5 g ; 193 kcal

Sauce tomate

PRÉPARATION 10 MINUTES • CUISSON 35 MINUTES

2 c. s. d'huile d'olive
1 oignon brun émincé
2 gousses d'ail pilées
2 c. s. de concentré de tomate
900 g de tomates écrasées en conserve
2 c. s. de basilic frais en fines lanières

1 Faites chauffer l'huile dans une sauteuse et faites suer l'oignon et l'ail en remuant sans cesse.

2 Ajoutez le concentré de tomate et laissez cuire 1 minute avant d'incorporer les tomates avec leur jus. Portez à ébullition puis laissez mijoter 30 minutes pour faire épaissir la sauce. Ajoutez le basilic et servez avec les gnocchis.

Par portion lipides 5 g ; 71 kcal

Sauce aux trois fromages

PRÉPARATION 10 MINUTES • CUISSON 15 MINUTES

60 g de beurre
50 g de farine
500 ml de lait
300 ml de crème fraîche
60 g de provolone grossièrement râpé
70 g de fontina grossièrement râpée
40 g de gorgonzola émietté

1 Faites fondre le beurre dans une casserole, ajoutez la farine et laissez cuire en remuant sans cesse, jusqu'à ce que le mélange épaississe.

2 Versez progressivement le lait et la crème fraîche. Laissez épaissir sur le feu avant d'ajouter les trois fromages. Servez avec les gnocchis.

Par portion lipides 31,1 g ; 345 kcal

Pommes de terre écrasées

Pour 4 personnes.

PRÉPARATION 10 MINUTES • CUISSON 10 MINUTES

1 kg de pommes de terre nouvelles avec la peau
40 g de beurre ramolli
100 g de crème fraîche

1 Faites cuire les pommes de terre à l'eau ou à la vapeur puis égouttez-les.
2 Écrasez en purée lisse la moitié des pommes de terre avec le beurre et la crème fraîche avant d'incorporer les autres ingrédients (voir recettes ci-contre).
3 Écrasez grossièrement à la fourchette le reste des pommes de terre pour les aplatir puis incorporez-les à la préparation. Servez.

Par portion lipides 20 g ; 351 kcal

Avec un presse-purée, écrasez la moitié des pommes de terre, la crème et le beurre.

Incorporez ensuite les autres ingrédients en travaillant le mélange avec une spatule en bois.

Écrasez grossièrement le reste des pommes de terre puis incorporez-les au mélange précédent.

Pommes de terre aux condiments

Mélangez 6 gros cornichons coupés en rondelles, 3 oignons grossièrement hachés, 3 c. s. de persil plat grossièrement ciselé, 1 c. s. de câpres grossièrement hachées et 3 tomates concassées dans un saladier. Mélangez cette préparation avec les pommes de terre.

Par portion lipides 20,4 g ; 353 kcal

Pommes de terre Caesar

Faites frire 3 tranches de bacon dans une poêle antiadhésive puis égouttez-les sur du papier absorbant. Mettez-les dans un récipient avec 4 filets d'anchois émincés, 1 gousse d'ail pilée, 3 oignons verts émincés et 50 g de parmesan en copeaux. Mélangez cette préparation avec les pommes de terre.

Par portion lipides 27,6 g ; 455 kcal

Pommes de terre aux herbes et à la moutarde

Mettez dans un récipient 1 c. s. de moutarde à l'ancienne, 2 c. s. de ciboulette fraîche ciselée, 2 c. s. de persil plat grossièrement haché, 2 c. s. de basilic frais grossièrement haché et 2 c. s. d'aneth grossièrement haché. Mélangez cette préparation avec les pommes de terre.

Par portion lipides 20,5 g ; 352 kcal

Gratin de purée aux herbes et au fromage

Pour 4 personnes.

PRÉPARATION 10 MINUTES • CUISSON 1 HEURE

500 g de pommes de terre pelées et coupées en morceaux
30 g de beurre ramolli
2 œufs légèrement battus
300 ml de crème fraîche
120 g de cheddar râpé
2 c. s. de ciboulette ciselée

1 Faites cuire les pommes de terre à l'eau ou à la vapeur puis égouttez-les. Écrasez-les en purée avec le beurre et les œufs pour obtenir un mélange onctueux. Transférez le tout dans un plat à gratin légèrement graissé.

2 Préchauffez le four à 160 °C.

3 Battez ensemble la crème fraîche, le cheddar et la ciboulette puis versez cet appareil sur la purée. Faites gratiner 40 minutes au four.

Par portion lipides 51,1 g ; 580 kcal

Gratin de purée au bacon et à l'oignon

Pour 4 personnes.

PRÉPARATION 20 MINUTES • CUISSON 50 MINUTES

1 kg de pommes de terre pelées et coupées en morceaux
20 g de beurre
3 tranches de bacon émincées
4 oignons verts émincés
150 g de mayonnaise
200 g de crème fraîche
2 œufs légèrement battus
1 c. s. de moutarde à l'ancienne
2 c. s. de persil plat grossièrement haché
60 g de parmesan râpé

1 Faites cuire les pommes de terre à l'eau ou à la vapeur puis égouttez-les.

2 Faites fondre le beurre dans une sauteuse et faites revenir le bacon et l'oignon, jusqu'à ce que le bacon soit croustillant.

3 Préchauffez le four à 180 °C.

4 Écrasez les pommes de terre avec la mayonnaise et la crème fraîche. Ajoutez le bacon et les oignons cuits, les œufs, la moutarde, le persil et deux tiers du parmesan. Mélangez bien puis étalez cette purée dans un plat à gratin légèrement graissé. Parsemez le fromage restant sur la purée et laissez gratiner 30 minutes au four.

Par portion lipides 53,1 g ; 714 kcal

Skordalia

Pour 600 g environ.

PRÉPARATION 15 MINUTES • CUISSON 15 MINUTES

D'origine grecque, la skordalia accompagne viandes, poissons ou légumes. Elle se conçoit davantage comme une sauce que comme une purée.

400 g de pommes de terre pelées et coupées en morceaux
2 tranches de pain blanc
60 g d'amandes en poudre
3 gousses d'ail pilées
2 c. s. de vinaigre de cidre
80 ml d'eau
60 ml d'huile d'olive

1 Faites cuire les pommes de terre à l'eau ou à la vapeur puis égouttez-les. Écrasez-les en purée dans un récipient et couvrez pour maintenir au chaud.
2 Pendant ce temps, retirez la croûte du pain et faites tremper les tranches dans un bol d'eau puis égouttez-les en pressant fermement.
3 Mixez le pain, les amandes, l'ail, le vinaigre et l'eau jusqu'à obtention d'un mélange homogène. Versez l'huile en filet sans cesser de mixer jusqu'à épaississement de la préparation. Mélangez avec la purée.

Par portion lipides 3,8 g ; 51 kcal

Colcannon

Pour 4 personnes.

PRÉPARATION 15 MINUTES • CUISSON 20 MINUTES

Ce plat est traditionnellement préparé pour la fête de Halloween en Irlande.

1 kg de pommes de terre pelées et coupées en cubes de 3 cm
80 ml de crème fraîche chaude
80 g de beurre ramolli
2 oignons émincés
1 gousse d'ail pilée
350 g de chou blanc coupé en fines lanières

1. Faites cuire les pommes de terre à l'eau ou à la vapeur puis égouttez-les.
2. Écrasez les pommes de terre en purée avec la crème fraîche et la moitié du beurre.
3. Faites fondre le reste de beurre dans une sauteuse et faites revenir l'oignon et l'ail en remuant sans cesse. Ajoutez le chou et laissez suer 2 minutes. Incorporez cette préparation à la purée et servez aussitôt.

Par portion lipides 25,4 g ; 397 kcal

Gratin de purée au haddock

Pour 4 personnes.

PRÉPARATION 30 MINUTES • CUISSON 35 MINUTES

750 g de haddock
500 ml de lait
1 feuille de laurier
6 grains de poivre noir
1 kg de pommes de terre pelées et coupées en morceaux
70 g de beurre
1 oignon émincé
1 gousse d'ail pilée
35 g de farine
625 ml de lait supplémentaire
120 g de petits pois surgelés
1 c. c. de zeste de citron râpé
2 c. s. de jus de citron
2 œufs durs coupés en quatre

1 Mettez le haddock, le lait, le laurier et le poivre dans une casserole et portez à ébullition. Baissez le feu et laissez mijoter 10 minutes, puis égouttez le poisson. Retirez la peau et émiettez la chair grossièrement.

2 Faites cuire les pommes de terre à l'eau ou à la vapeur puis égouttez-les et écrasez-les en purée avec 50 g de beurre. Couvrez pour maintenir au chaud.

3 Faites fondre le reste de beurre dans une sauteuse et faites suer l'oignon et l'ail. Saupoudrez de farine et laissez cuire en remuant sans cesse, jusqu'à épaississement. Versez progressivement le lait en supplément, sans cesser de remuer, et laissez épaissir sur le feu avant d'incorporer les petits pois, le zeste de citron et le jus de citron. Retirez du feu et mettez le poisson et les œufs durs dans la casserole. Mélangez bien.

4 Préchauffez le four à 180 °C.

5 Répartissez le mélange à base de poisson et la purée de pommes de terre dans quatre ramequins graissés. Faites dorer 15 minutes au four puis servez.

Par portion lipides 29,2 g ; 695 kcal

Rouleaux de choux farcis aux pommes de terre, sauce au fromage

Pour 4 personnes.

PRÉPARATION 25 MINUTES • CUISSON 40 MINUTES

1 kg de pommes de terre pelées et coupées en morceaux
40 g de beurre ramolli
1 jaune d'œuf
4 grandes feuilles de chou vert
4 tranches de bacon grossièrement hachées
30 g de cheddar râpé

Sauce au fromage

20 g de beurre
35 g de farine
375 ml de bouillon de volaille
125 ml de crème fraîche
60 g de cheddar râpé
2 c. s. de persil plat ciselé

1 Faites cuire les pommes de terre à l'eau ou à la vapeur puis égouttez-les. Écrasez-les en purée avec le beurre et le jaune d'œuf. Couvrez pour maintenir au chaud.

2 Pendant ce temps, retirez les côtes des feuilles de chou. Faites cuire les feuilles à l'eau ou à la vapeur puis égouttez-les. Rincez-les à l'eau froide avant de les essuyer délicatement avec du papier absorbant.

3 Préchauffez le four à 180 °C. Préparez la sauce au fromage.

4 Disposez les feuilles à plat sur le plan de travail, garnissez-les de purée en l'étalant uniformément jusqu'à 1 cm du bord des feuilles puis roulez celles-ci pour enfermer la garniture en rabattant les bords sur la purée.

5 Mettez les rouleaux dans un plat légèrement graissé. Nappez de sauce au fromage, parsemez de bacon et de cheddar râpé et laissez dorer 20 minutes au four. Servez aussitôt.

Sauce au fromage Faites fondre le beurre dans une casserole. Ajoutez la farine et laissez cuire sans cesser de remuer jusqu'à ce que le mélange épaississe. Incorporez progressivement la crème et le bouillon puis laissez épaissir à feu moyen, en remuant sans cesse, avant d'ajouter le fromage et le persil.

Par portion lipides 40,4 g ; 602 kcal

Hachis parmentier

Pour 8 personnes.

PRÉPARATION 20 MINUTES • CUISSON 1 H 35

1 c. s. d'huile d'olive
2 gousses d'ail pilées
1 oignon brun émincé
2 carottes pelées et grossièrement râpées
1 kg de bœuf haché
1 c. s. de sauce Worcestershire
2 c. s. de concentré de tomate
900 g de tomates en conserve
1 c. c. d'herbes de Provence
200 g de champignons de Paris coupés en quatre
120 g de petits pois surgelés
1 kg de pommes de terre pelées et coupées en morceaux
40 g de beurre ramolli
180 ml de lait chaud
50 g de gruyère râpé

1 Faites chauffer l'huile dans une sauteuse et faites revenir l'oignon, l'ail et les carottes. Quand l'oignon est tendre, ajoutez le bœuf et laissez cuire 10 minutes.

2 Ajoutez la sauce Worcestershire, le concentré de tomate, les tomate en conserve avec leur jus et les herbes. Portez à ébullition puis laissez mijoter 30 minutes pour que la sauce épaississe. Incorporez enfin les champignons de Paris et les petits pois.

3 Préchauffez le four à 180 °C. Faites cuire les pommes de terre à l'eau ou à la vapeur puis égouttez-les et écrasez-les en purée avec le beurre et le lait.

4 Mettez la sauce à la viande dans un plat à gratin légèrement graissé, nappez de purée et saupoudrez de fromage râpé. Faites gratiner 45 minutes au four.

Par portion lipides 22,8 g ; 434 kcal

L'ASTUCE DU CHEF

Vous pouvez préparer la sauce à la viande 2 jours à l'avance et la conserver au réfrigérateur.

Pommes duchesses

Pour 40 pièces.

PRÉPARATION 20 MINUTES • CUISSON 40 MINUTES

1 kg de pommes de terre pelées et coupées en morceaux
100 g de beurre fondu
3 jaunes d'œufs

1 Préchauffez le four à 180 °C. Graissez une feuille de papier sulfurisée et mettez-la en place sur une plaque de cuisson.

2 Faites cuire les pommes de terre à l'eau ou à la vapeur puis égouttez-les et écrasez-les en purée avec le beurre fondu et les jaunes d'œufs.

3 Mettez la purée dans une poche à douille à pâtisserie munie d'un embout cannelé de 1 cm de diamètre et façonnez des bouchées sur les plaques de cuisson. Faites-les cuire 30 minutes au four, jusqu'à ce qu'elles soient dorées.

Par pièce lipides 2,5 g ; 37 kcal

L'astuce du chef

Vous pouvez ajouter du parmesan râpé dans la purée.

Quiche de pommes de terre au saumon fumé

Pour 6 personnes.

PRÉPARATION 10 MINUTES • CUISSON 35 MINUTES

1 kg de pommes de terre pelées et coupées en morceaux
40 g de beurre ramolli
60 g de crème fraîche
200 g de saumon fumé grossièrement haché
2 œufs, blancs et jaunes séparés
2 oignons verts émincés

1 Préchauffez le four à 180 °C.

2 Faites cuire les pommes de terre à l'eau ou à la vapeur puis égouttez-les et écrasez-les en purée avec le beurre et la crème. Ajoutez le saumon fumé, 1 jaune d'œuf, les blancs d'œufs et les oignons.

3 Transférez la préparation dans un moule à tarte de 22 cm de diamètre. Badigeonnez avec le jaune d'œuf restant et faites cuire 25 minutes au four, jusqu'à ce que la tarte soit dorée.

Par portion lipides 12,9 g ; 248 kcal

Champignons farcis

Pour 4 personnes.

PRÉPARATION 20 MINUTES • CUISSON 20 MINUTES

500 g de pommes de terre pelées et coupées en morceaux
50 g de beurre
60 ml de crème fraîche
8 gros champignons de Paris
1 petit oignon brun émincé
2 gousses d'ail pilées
1 petit piment rouge épépiné et émincé
120 g de cheddar râpé
2 c. s. de persil plat ciselé
2 c. s. de ciboulette ciselée
1 c. c. de thym frais

1 Préchauffez le four à 180 °C.

2 Faites cuire les pommes de terre à l'eau ou à la vapeur puis égouttez-les et écrasez-les en purée avec 40 g de beurre et la crème fraîche. Couvrez pour maintenir au chaud.

3 Retirez les pieds des champignons et réservez-les. Badigeonnez les têtes avec le reste de beurre préalablement fondu et mettez-les sur une plaque de cuisson. Faites rôtir 5 minutes au four puis couvrez pour maintenir au chaud.

4 Hachez finement les pieds des champignons et faites-les revenir avec l'oignon, l'ail et le piment dans une poêle antiadhésive légèrement huilée. Ajoutez le cheddar, le persil, la ciboulette et le thym. Mélangez bien.

5 Incorporez la purée et farcissez les têtes de champignons avec le mélange obtenu.

6 Réglez le four en position gril et faites dorer les champignons pendant 5 minutes. Servez aussitôt.

Par portion lipides 32 g ; 413 kcal

Tartelettes végétariennes

Pour 4 personnes.

PRÉPARATION 20 MINUTES • CUISSON 25 MINUTES

1 kg de pommes de terre pelées et coupées en morceaux
125 ml de bouillon de légumes chaud
30 g de beurre
2 gousses d'ail pilées
200 g de champignons de Paris en tranches épaisses
2 c. s. de basilic en fines lanières
2 oignons verts émincés
80 g de cheddar râpé
30 g de beurre fondu
3 feuilles de pâte filo

1 Faites cuire les pommes de terre à l'eau ou à la vapeur puis égouttez-les et écrasez-les en purée avec le bouillon.

2 Faites fondre le beurre dans une petite poêle et faites revenir l'ail et les champignons. Incorporez le tout à la purée avec le basilic, les oignons et la moitié du cheddar.

3 Préchauffez le four à 180 °C. Graissez quatre moules à tartelettes puis tapissez le fond et les côtés de papier sulfurisé.

4 Badigeonnez de beurre fondu les feuilles de pâte filo, empilez-les puis coupez-les en quatre carrés. Disposez ces carrés dans les moules. Garnissez de purée aux champignons et saupoudrez avec le reste du fromage.

5 Faites cuire les tartelettes 15 minutes au four pour qu'elles dorent. Démoulez et servez avec une salade verte.

Par portion lipides 19,9 g ; 385 kcal

Purée au mascarpone

Pour 4 personnes.

PRÉPARATION 10 MINUTES • CUISSON 20 MINUTES

1 kg de pommes de terre pelées et coupées en morceaux
125 ml de lait chaud
250 g de mascarpone
80 g de parmesan râpé
80 g de mozzarella râpée

1 Faites cuire les pommes de terre à l'eau ou à la vapeur puis égouttez-les.

2 Écrasez-les en purée en les mouillant progressivement avec le lait puis incorporez le mascarpone, le parmesan et la mozzarella. Servez aussitôt.

Par portion lipides 48,1 g ; 632 kcal

Gnocchis au beurre brun

Pour 4 personnes.

PRÉPARATION 30 MINUTES • CUISSON 20 MINUTES

1 kg de pommes de terre avec la peau
50 g de beurre ramolli
1 gousse d'ail pilée
2 œufs légèrement battus
100 g de farine
20 g de parmesan râpé
1 l de bouillon de volaille
500 ml d'eau
125 g de beurre coupé en dés
3 c. s. de feuilles de sauge
1 c. c. de jus de citron

1 Faites cuire les pommes de terre à l'eau ou à la vapeur puis égouttez-les. Pelez-les quand elles sont tièdes et écrasez-les en purée avec le beurre et l'ail. Ajoutez les œufs, la farine et le parmesan et travaillez ces ingrédients avec une cuillère en bois pour obtenir une pâte ferme.

2 Portez à ébullition le bouillon et l'eau puis baissez le feu. Prélevez des cuillerées à soupe de pâte et plongez-les dans le bouillon. Quand les gnocchis remontent à la surface, retirez-les avec une écumoire et répartissez-les dans les assiettes de service préchauffées.

3 Faites fondre le beurre en dés dans une poêle. Quand il grésille, ajoutez la sauge et laissez cuire jusqu'à ce que les feuilles croustillent. Retirez-les avec une écumoire et égouttez-les sur du papier absorbant. Refaites chauffer le beurre à feu doux et laissez-le brunir légèrement. Hors du feu, ajoutez le jus de citron. Nappez les gnocchis de cette sauce et parsemez les feuilles de sauge dessus. Servez aussitôt.

Par portion lipides 41,7 g ; 632 kcal

Beignets de pommes de terre aux oignons

Pour 30 pièces.

PRÉPARATION 15 MINUTES • CUISSON 25 MINUTES

600 g de pommes de terre pelées et coupées en morceaux
50 g de beurre ramolli
1 gousse d'ail pilée
3 tranches de bacon finement hachées
75 g de farine à levure incorporée
1 œuf légèrement battu
2 oignons verts émincés
90 g de gruyère râpé
huile végétale pour la friture

1 Faites cuire les pommes de terre à l'eau ou à la vapeur puis égouttez-les et écrasez-les en purée avec le beurre et l'ail. Laissez refroidir.

2 Faites revenir le bacon à sec (sans matières grasses) dans une petite poêle antiadhésive jusqu'à ce qu'il croustille. Égouttez-le sur du papier absorbant. Incorporez-le à la purée avec la farine, l'œuf, les oignons et le gruyère. Travaillez le mélange avec une cuillère en bois pour obtenir une pâte homogène.

3 Faites chauffer l'huile dans une sauteuse. Prélevez des cuillerées à soupe du mélange aux pommes de terre et faites-les frire en plusieurs fois. Quand les beignets sont dorés, égouttez-les sur du papier absorbant et servez aussitôt.

Par pièce lipides 4,7 g ; 68 kcal

La pomme de terre dans tous ses états

Réussir les salades de pommes de terre

Pour 8 personnes.

PRÉPARATION 20 MINUTES • CUISSON 20 MINUTES

2 kg de pommes de terre avec la peau
2 c. s. de vinaigre de cidre
8 oignons verts émincés
2 c. s. de persil plat finement haché

Mayonnaise

2 jaunes d'œufs
1 c. c. de moutarde de Dijon
2 c. c. jus de citron
250 ml d'huile végétale
2 c. s. d'eau chaude

1 Mettez les pommes de terre sans les peler dans une casserole et versez de l'eau à niveau. Couvrez et portez à ébullition, puis laissez mijoter jusqu'à ce que qu'elles soient tendres. Égouttez-les puis pelez-les aussitôt et coupez-les en dés. Étalez-les dans un plat peu profond et arrosez-les de vinaigre de cidre quand elles sont encore chaudes. Laissez-les reposer 10 minutes à température ambiante puis gardez-les au réfrigérateur jusqu'à ce qu'elles soient complètement froides.

2 Pendant ce temps, préparez la mayonnaise.

3 Mettez les pommes de terre dans un saladier avec la mayonnaise, les oignons et le persil. Mélangez délicatement pour éviter qu'elles ne s'écrasent.

Mayonnaise Fouettez les jaunes d'œufs, la moutarde et le jus de citron puis versez l'huile en filet régulier, sans cesser de fouetter, jusqu'à ce que la mayonnaise prenne et soit bien ferme. Ajoutez l'eau chaude pour la rendre plus fluide.

Par portion lipides 30,4 g ; 413 kcal

L'astuce du chef

Pour éviter de vous brûler en épluchant les pommes de terre (celles-ci doivent en effet être très chaudes pour recevoir le vinaigre), tenez-les avec une fourchette, passez-les très rapidement sous un filet d'eau froide et pelez-les. Elles resteront chaudes à l'intérieur.

Pommes de terre farcies

Faciles à préparer, délicieuses pour accompagner les grillades ou à déguster en plat unique, les pommes de terre farcies font le plaisir de tous les gourmands. On peut d'ailleurs les farcir à sa guise, en laissant parler son imagination. Fromages, légumes et fines herbes sont les garnitures les plus courantes, mais on peut jouer à volonté sur les ingrédients.

Pommes de terre au bleu

Pour 4 personnes.

PRÉPARATION 15 MINUTES
CUISSON 1 H 15

8 grosses pommes de terre avec la peau
80 g de bleu d'Auvergne émietté
125 g de fromage frais
150 g de mayonnaise
120 g de crème fraîche
1 gousse d'ail coupée en quatre
40 g de noix de pécan grossièrement hachées
2 c. c. de ciboulette grossièrement ciselée

1 Préchauffez le four à 200 °C. Faites cuire les pommes de terre sur un lit de gros sel ou enveloppées dans du papier d'aluminium (voir encadré ci-contre).

2 Mixez le bleu, le fromage frais, la mayonnaise, la crème fraîche et l'ail.

3 Prélevez les deux tiers de la chair à la petite cuillère puis écrasez-la en purée.

4 Incorporez cette purée à la préparation au fromage et ajoutez la moitié des noix. Disposez les pommes de terre évidées sur une plaque de cuisson, garnissez-les de farce et faites-les dorer 15 minutes au four. Parsemez du reste de noix et de ciboulette.

Par portion lipides 48,3 g ; 657 kcal

Règles d'or

• Pour faire cuire les pommes de terre, utilisez de préférence un four traditionnel. Nettoyez-les bien sans retirer la peau, enveloppez-les dans du papier d'aluminium et faite-les cuire 40 minutesa u four (200 °C).

• Autre solution : mettez les pommes de terre bien nettoyées sur un lit de gros sel, dans un grand plat, sans les envelopper dans du papier d'aluminium, et faites-les cuire au four. Pour ce mode de cuisson, comptez entre 1 heure et 1 h 15 selon la grosseur des pommes de terre.

• Les inconditionnels du micro-ondes peuvent y faire cuire les pommes de terre entières à condition de piquer la peau avec une fourchette.

• On peut couper la base des pommes de terre pour les faire tenir plus facilement dans les assiettes.

• Choisissez toujours des pommes de terre à chair ferme car elles conservent leur forme sous l'action de la chaleur. Les variétés qui ont un goût légèrement sucré s'accommodent à merveille de ce mode de cuisson.

• Pour garnir les pommes de terre, évidez la chair avec une petite cuillère en en laissant une épaisseur d'environ 1 cm. La chair prélevée peut être ajoutée à la garniture.

• Vous pouvez entailler le dessus en croix avant de presser délicatement la pomme de terre pour qu'elle s'ouvre.

• Vous pouvez utiliser la chair prélevée pour l'incorporer à la garniture. Dans la plupart des cas, les pommes de terre farcies sont gratinées au four avant d'être dégustées. Cependant, certaines garnitures se dégustent froides.

• Quelques idées de garniture : feta, olives et pignons de pin ; tomates concassées, basilic et vinaigre balsamique (garniture froide) ; poireau, crème fraîche et moutarde à l'ancienne ; champignon, persil et ail ; saumon fumé, aneth et fromage blanc (garniture froide)...

• Le summum du plaisir : garnissez l'intérieur d'une belle noix de beurre aux cristaux de sel, donnez un tour de moulin à poivre et dégustez aussitôt...

Pommes de terre farcies à la catalane

Pour 4 personnes.

PRÉPARATION 20 MINUTES • CUISSON 1 H 15

8 grosses pommes de terre avec la peau
1 c. c. d'huile d'olive
70 g de chorizo finement haché
1 gousse d'ail pilée
250 g de tomates concassées
90 g de crème fraîche
2 c. s. de gruyère râpé

1 Préchauffez le four à 200 °C. Faites cuire les pommes de terre sur un lit de gros sel ou enveloppées dans du papier d'aluminium (voir encadré page ci-contre).
2 Pendant ce temps, faites chauffer l'huile dans une sauteuse et faites dorer le chorizo 3 minutes, puis égouttez-le sur du papier absorbant. Faites revenir l'ail à feu doux dans la sauteuse, jusqu'à ce qu'il embaume. Remettez le chorizo avec les tomates concassées et laissez mijoter jusqu'à ce que le mélange réduise de moitié.
3 Prélevez les deux tiers de la chair à la petite cuillère puis écrasez-la en purée.
4 Incorporez cette purée à la préparation au chorizo et ajoutez la crème. Posez les pommes de terre évidées sur le plateau. Disposez les pommes de terre évidées sur une plaque de cuisson, garnissez-les de farce, saupoudrez-les de gruyère râpé et faites-les dorer 15 minutes au four.

Par portion lipides 20,3 g ; 378 kcal

Pommes de terre farcies au maïs

Pour 4 personnes.

PRÉPARATION 20 MINUTES • CUISSON 1 H 15

8 grosses pommes de terre avec la peau
1 c. c. d'huile végétale
30 g de prosciutto grossièrement haché
125 g de crème de maïs en conserve
2 c. s. de coriandre fraîche finement hachée

1 Préchauffez le four à 200 °C. Faites cuire les pommes de terre sur un lit de gros sel ou enveloppées dans du papier d'aluminium (voir encadré page ci-contre).
2 Pendant ce temps, faites chauffer l'huile dans une sauteuse et faites dorer le prosciutto pendant 2 minutes, jusqu'à ce qu'il soit croustillant, puis égouttez-le sur du papier absorbant.
3 Prélevez les deux tiers de la chair à la petite cuillère puis écrasez-la en purée.
4 Mélangez la purée avec le prosciutto, la crème de maïs et la coriandre. Disposez les pommes de terre évidées sur une plaque de cuisson, garnissez-les de farce et faites-les dorer 15 minutes au four.

Par portion lipides 16,3 g ; 328 kcal

Parathas

Pour 8 personnes.

PRÉPARATION 40 MINUTES • RÉFRIGÉRATION 1 HEURE • CUISSON 30 MINUTES

150 g de farine de blé
160 g de farine complète
100 g de beurre froid en dés
125 ml d'eau
300 g de pommes de terre pelées et coupées en morceaux
1 c. s. d'huile d'arachide
1 petit oignon brun émincé
1 gousse d'ail pilée
1/2 c. c. de cumin moulu
1 c. c. de graines de coriandre pilées
1/4 c. c. de poivre de Cayenne
1 c. s. de coriandre fraîche ciselée
huile végétale pour la friture

1. Mixez les farines avec le beurre. Versez l'eau puis travaillez le mélange jusqu'à obtention d'une pâte ferme. Enrobez la pâte dans du film alimentaire et réfrigérez 1 heure.
2. Pendant ce temps, faites cuire les pommes de terre à l'eau ou à la vapeur puis égouttez-les et écrasez-les en purée.
3. Faites chauffer l'huile dans une sauteuse et faites revenir l'oignon et l'ail, puis ajoutez le cumin, les graines de coriandre et le poivre. Incorporez cette préparation ainsi que la coriandre fraîche à la purée de pommes de terre et laissez reposer 10 minutes.
4. Abaissez la pâte en une feuille assez fine et découpez dedans seize disques de 14 cm de diamètre. Étalez la purée aux oignons sur la moitié des disques en gardant un bord de 1 cm, badigeonnez ce dernier avec un peu d'eau puis couvrez chaque galette avec un disque de pâte en pinçant les bords pour les souder entre eux.
5. Faites chauffer une grande quantité d'huile dans une sauteuse et faites frire les parathas une à une, jusqu'à ce qu'elles soient dorées. Égouttez-les sur du papier absorbant.

Par pièce lipides 19,8 g ; 327 kcal

Étalez la pâte au rouleau pour former de fines galettes.

Églisez les bords en vous aidant d'une assiette de 14 cm de diamètre.

Badigeonnez d'eau le pourtour avant de recouvrir la garniture d'une autre galette de pâte.

Croquettes de pommes de terre aux légumes en sauce

Pour 4 personnes.

PRÉPARATION 25 MINUTES • RÉFRIGÉRATION 1 HEURE • CUISSON 35 MINUTES

1 kg de pommes de terre pelées et coupées en morceaux
3 c. c. d'huile d'olive
1 petit oignon brun émincé
1 gousse d'ail pilée
1 œuf légèrement battu
1 c. s. de persil plat grossièrement ciselé
50 g de beurre

Légumes en sauce

30 g de beurre
1 c. s. d'huile d'olive
1 petit oignon brun grossièrement haché
1 gousse d'ail pilée
2 branches de céleri parées et coupée en tronçons
1 courgette coupée en morceaux
150 g de champignons coupés en quatre
60 ml de vin blanc sec
260 ml de sauce tomate
125 ml de bouillon de légumes
75 g d'olives noires dénoyautées
2 c. s. de persil plat grossièrement ciselé

1 Faites cuire les pommes de terre à l'eau ou à la vapeur puis égouttez-les.

2 Faites chauffer 1 cuillerée à soupe d'huile dans une sauteuse et faites revenir l'oignon et l'ail.

3 Écrasez les pommes de terre en purée puis incorporez l'œuf, le persil et le mélange oignon-ail. Laissez reposer 1 heure au réfrigérateur. Pendant ce temps, préparez les légumes en sauce.

4 Farinez vos mains puis façonnez huit boulettes avec la préparation à base de pommes de terre. Écrasez-les avec la paume de la main. Faites chauffer le beurre et le reste d'huile dans une sauteuse et faites frire les croquettes jusqu'à ce qu'elles soient bien dorées. Servez avec les légumes en sauce.

Légumes en sauce Faites chauffer le beurre et l'huile dans une sauteuse et faites revenir l'oignon, l'ail et le céleri. Ajoutez la courgette et les champignons et laissez cuire 2 minutes. Versez le vin et poursuivez la cuisson pendant 1 minute avant d'incorporer la sauce tomate, le bouillon et les olives. Portez à ébullition puis laissez mijoter 10 minutes sans couvrir, jusqu'à ce que les légumes soient tendres. Retirez du feu et parsemez de persil.

Par portion lipides 32,9 g ; 512 kcal

Aloo gobi

Pour 4 personnes.

PRÉPARATION 15 MINUTES • CUISSON 30 MINUTES

Ce plat d'origine indienne est à base de pommes de terre et de chou-fleur, accommodés avec des épices variées qui lui confèrent toute sa saveur.

450 g de pommes de terre pelées et coupées en morceaux
1 c. s. de beurre clarifié (ghee) ou d'huile d'olive
1 c. s. de graines de moutarde
1 c. s. de graines de cumin
1/2 c. c. de curcuma moulu
1/2 c. c. de garam masala
3 gousses d'ail pilées
1 oignon brun émincé
2 tomates grossièrement concassées
1 kg de chou-fleur en bouquets
250 ml d'eau
4 c. s. de coriandre fraîche grossièrement ciselée

1 Faites cuire les pommes de terre à l'eau ou à la vapeur puis égouttez-les.

2 Faites fondre le beurre clarifié dans une sauteuse et poêlez à feu vif les graines de moutarde et de cumin jusqu'à ce qu'elles commencent à sauter. Ajoutez alors le curcuma, le garam masala et l'ail. Laissez cuire jusqu'à ce que le mélange embaume. Incorporez l'oignon et laissez-le fondre à feu moyen avant d'ajouter les tomates et le chou-fleur. Prolongez la cuisson pendant 1 minute.

3 Versez l'eau dans la sauteuse et portez à ébullition puis couvrez et laissez mijoter 10 minutes. Incorporez les pommes de terre et laissez cuire encore 5 minutes. Quand les légumes sont tendres, retirez du feu, ajoutez la coriandre et servez aussitôt.

Par portion lipides 6,6 g ; 198 kcal

Tortillas de pommes de terre au chorizo

Pour 4 personnes.

PRÉPARATION 15 MINUTES • CUISSON 30 MINUTES

800 g de pommes de terre avec la peau
1 c. s. d'huile d'olive
1 oignon brun émincé
200 g de chorizo en fines rondelles
6 œufs légèrement battus
300 ml de crème fraîche
4 oignons verts en tranches épaisses
25 g de mozzarella râpée
30 g de cheddar râpé

1 Faites cuire les pommes de terre à l'eau ou à la vapeur puis égouttez-les. Pelez-les et détaillez-les en fines rondelles.

2 Faites chauffer l'huile dans une sauteuse et faites revenir l'oignon. Ajoutez le chorizo et laissez-le cuire jusqu'à ce qu'il soit croustillant puis égouttez-le sur du papier absorbant.

3 Battez les œufs avec la crème avant d'incorporer les oignons, la mozzarella et le cheddar. Ajoutez enfin les pommes de terre et le chorizo.

4 Versez ce mélange dans une poêle antiadhésive légèrement graissée et laissez cuire jusqu'à ce que la base soit ferme et légèrement dorée. Faites glisser la tortilla sur une assiette puis retournez-la dans la poêle pour qu'elle dore sur l'autre face. Coupez-la en quatre et servez avec une salade.

Par portion lipides 62,8 g ; 774 kcal

Chaussons de pommes de terre au bœuf

Pour 16 pièces.

PRÉPARATION 30 MINUTES • CUISSON 45 MINUTES

500 g de pommes de terre pelées et coupées en morceaux
1 c. s. d'huile
1 petit oignon brun émincé
2 gousses d'ail pilées
1 carotte en rondelles
1 branche de céleri parée et grossièrement hachée
350 g de bœuf haché
80 ml de vin rouge
250 ml de bouillon de bœuf
70 g de concentré de tomate
60 g de petits pois surgelés
8 feuilles de pâte feuilletée
1 œuf légèrement battu

1 Faites cuire les pommes de terre à l'eau ou à la vapeur puis égouttez-les et réduisez-les en purée.

2 Faites chauffer l'huile dans une sauteuse et faites revenir l'oignon et l'ail. Ajoutez la carotte et le céleri. Laissez cuire jusqu'à ce que les légumes soient tendres puis incorporez la viande hachée et laissez-la colorer à feu vif.

3 Mettez le vin, le bouillon, le concentré de tomate et les petits pois dans la sauteuse et faites épaissir le tout 5 minutes sur le feu avant d'incorporer la purée. Laissez reposer 10 minutes à température ambiante pour que le mélange tiédisse.

4 Préchauffez le four à 180 °C, et graissez une plaque de cuisson.

5 Coupez seize disques dans les feuilles de pâte et disposez-les sur un plateau. Garnissez-en la moitié de farce à la viande, badigeonnez d'œuf battu les bords puis rabattez la pâte sur la garniture. Scellez les bords en pressant avec les dents d'une fourchette.

6 Disposez les chaussons sur la plaque de cuisson et faites-les cuire 30 minutes au four.

Par portion lipides 8,5 g ; 157 kcal

Crêpe de pommes de terre et choux

Pour 4 personnes.

PRÉPARATION 10 MINUTES • CUISSON 30 MINUTES

D'origine anglaise, le « bubble and squeak » se prépare avec des restes de pommes de terre. Longtemps réservé à la cuisine familiale, il commence à faire son apparition sur les cartes de certains restaurants anglais.

450 g de pommes de terre pelées et coupées en morceaux

250 g de chou grossièrement coupé

4 tranches de bacon grossièrement coupées

1 oignon brun grossièrement haché

1 Faites cuire les pommes de terre à l'eau ou à la vapeur puis réduisez-les en purée grossière.

2 Faites revenir le bacon dans une poêle antiadhésive jusqu'à ce qu'il croustille puis égouttez-le sur du papier absorbant.

3 Faites cuire l'oignon dans la même poêle puis ajoutez les pommes de terre, le chou et le bacon en étalant uniformément ce mélange. Laissez cuire jusqu'à ce que la base se colore. Glissez alors la crêpe sur une assiette et retournez-la dans la poêle pour faire dorer l'autre face. Servez aussitôt.

Par portion lipides 5,1 g ; 155 kcal

Piroshki

Pour 16 pièces.

PRÉPARATION 30 MINUTES
•CUISSON 30 MINUTES

Les piroshki sont des bouchées d'origine russe que l'on peut servir en hors-d'œuvre.

900 g de farine
1 c. s. de levure déshydratée
1 c. s. de sel
75 g de sucre semoule
2 jaunes d'œufs
500 ml de lait tiède
250 g de beurre fondu
1 œuf légèrement battu

Garniture

1 c. s. d'huile d'olive
1 oignon brun émincé
1 gousse d'ail pilée
250 g de pommes de terre pelées et émincées
2 tranches de bacon émincées
400 g de bœuf haché
90 g de concentré de tomate
2 c. c. de thym frais

1 Mélangez la farine, la levure, le sel et le sucre dans un récipient. Faites un puits au centre et travaillez le mélange du bout des doigts en incorporant progressivement les jaunes d'œufs, le lait et le beurre pour obtenir une pâte homogène. Couvrez et laissez reposer 1 heure à température ambiante pour que la pâte double de volume. Pendant ce temps, préparez la garniture.

2 Pétrissez la pâte sur un plan de travail fariné pour la rendre élastique et souple puis étalez-la et découpez dedans douze disques de 5 mm d'épaisseur et 12 cm de diamètre.

3 Préchauffez le four à 200 °C et graissez une plaque de cuisson.

4 Mettez une grosse cuillerée à soupe de garniture au centre de chaque disque puis rabattez la pâte sur la garniture pour former une boulette. Disposez les piroshki sur la plaque de cuisson et badigeonnez-les d'œuf. Laissez reposer 15 minutes à température ambiante avant de les faire cuire 15 minutes au four.

Garniture Faites chauffer l'huile dans une poêle et faites revenir l'oignon, l'ail, les pommes de terre et le bacon. Quand le mélange est cuit, ajoutez la viande hachée et faites-la colorer à feu vif. Incorporez enfin le concentré de tomate et le thym. Faites mijoter encore 10 minutes avant de retirer la poêle du feu. Laissez tiédir.

Par portion lipides 20,3g ; 442 kcal

Samosas

Pour 28 pièces.

PRÉPARATION 40 MINUTES • RÉFRIGÉRATION 30 MINUTES • CUISSON 20 MINUTES

225 g de farine
1 c. s. de beurre clarifié (ghee) ou d'huile d'olive
1 c. s. de graines de cumin
125 ml d'eau tiède
huile végétale pour la friture

Garniture

125 g de pommes de terre pelées et coupées en morceaux
1 c. c. de beurre clarifié (ghee) ou d'huile d'olive
1/2 oignon brun émincé
1 gousse d'ail pilée
1 piment vert épépiné et finement haché
1 c. c. de gingembre frais râpé
1/4 c. c. de graines de coriandre
1/4 c. c. de graines de cumin
1/2 c. c. de garam masala
1 c. s. de coriandre fraîche ciselée
1 c. c. de jus de citron

1 Mélangez la farine et le beurre clarifié dans un récipient. Ajoutez les graines de cumin et versez progressivement l'eau en travaillant les ingrédients pour obtenir une pâte homogène. Pétrissez la pâte sur une surface farinée jusqu'à ce qu'elle soit lisse et élastique puis couvrez-la et mettez-la 30 minutes au réfrigérateur. Pendant ce temps, préparez la garniture.

2 Abaissez la pâte en une feuille de 2 mm d'épaisseur et découpez dedans vingt-huit disques de 8 cm de diamètre. Disposez 1 cuillerée à soupe de garniture au centre de chaque disque, badigeonnez les bords avec de l'eau et rabattez la pâte sur la garniture pour former une demi-lune. Pincez les bords pour enfermer la garniture.

3 Faites chauffer une bonne quantité d'huile dans une sauteuse et faites frire les samosas en plusieurs fois puis égouttez-les sur du papier absorbant.

Garniture Faites cuire les pommes de terre à l'eau ou à la vapeur puis égouttez-les. Réduisez la moitié des pommes de terre en purée. Dans une sauteuse, faites fondre le beurre clarifié et faites revenir l'oignon, l'ail, le piment, le gingembre, la coriandre, le cumin et le garam masala. Laissez chauffer jusqu'à ce que le mélange embaume. Incorporez alors la coriandre, le jus de citron, la purée et les pommes de terre en morceaux.

Par pièce lipides 2,1 g ; 49 kcal

Brandade de morue douce

Pour 500 g environ.

PRÉPARATION 15 MINUTES • CUISSON 10 MINUTES

200 g de pommes de terre pelées et coupées en morceaux
500 ml de lait
350 g de filets de cabillaud
1 oignon blanc grossièrement haché
2 gousses d'ail pilées
2 c. s. d'huile d'olive
2 c. s. de jus de citron
60 g de crème fraîche

1 Faites cuire les pommes de terre à l'eau ou à la vapeur puis égouttez-les et réduisez-les en purée.

2 Pendant ce temps, portez le lait à ébullition dans une sauteuse, ajoutez le poisson et amenez le liquide jusqu'au point d'ébullition. Baissez le feu et laissez mijoter à feu doux jusqu'à ce que le poisson soit cuit. Retirez ce dernier de la sauteuse et laissez-le tiédir à température ambiante.

3 Quand le poisson est suffisamment refroidi, émiettez-le à la main et incorporez-le à la purée, avec le reste des ingrédients, en travaillant le mé ange à la spatule pour obtenir une préparation homogène. Réfrigérez 30 minutes avant de servir avec du pain de campagne grillé.

Par portion lipides 1,3 g ; 89 kcal

Pommes de terre au fromage

Pour 4 personnes.

PRÉPARATION 10 MINUTES • CUISSON 20 MINUTES

4 grosses pommes de terre avec la peau
125 g de fromage à raclette grossièrement râpé
20 g de beurre
1 c. s. de persil plat grossièrement ciselé
90 g de cornichons
100 g d'oignons blancs marinés au vinaigre

1 Faites cuire les pommes de terre à l'eau ou à la vapeur jusqu'à ce qu'elles soient tendres, puis égouttez-les.

2 Faites une croix au centre de chaque pomme de terre et pressez délicatement pour ouvrir. Répartissez le fromage sur les pommes de terre, nappez-les de beurre et mettez-les sur une plaque de cuisson. Faites-les gratiner sous le gril du four jusqu'à ce que le fromage soit fondu. Parsemez de persil et servez avec des cornichons et des oignons blancs.

Par portion lipides 13,7 g ; 280 kcal

Quiches aux pommes de terre et au bacon

Pour 4 personnes.

PRÉPARATION 20 MINUTES • CUISSON 1 H 05

300 g de pommes de terre pelées et coupées en morceaux
3 c. s. d'huile d'olive
1 feuille de pâte feuilletée
1 oignon brun émincé
2 gousses d'ail pilées
3 tranches de bacon grossièrement hachées
80 ml de lait
80 ml de crème fraîche
2 œufs
25 g de mozzarella râpée

1 Préchauffez le four à 180 °C.
2 Disposez les pommes de terre dans un plat à gratin, arrosez-les avec 1 cuillerée à café d'huile et faites-les rôtir 30 minutes au four.
3 Découpez quatre disques dans les feuilles de pâte et tapissez-en le fond et les côtés de moules à tartelettes.
4 Faites chauffer le reste d'huile dans une sauteuse et faites revenir l'oignon, l'ail et le bacon.
5 Répartissez les pommes de terre dans les moules et ajoutez le bacon frit avec les oignons et l'ail. Mélangez le lait, la crème, les œufs et le fromage dans un récipient et versez le tout dans les moules. Faites cuire 30 minutes au four. Laissez reposer 5 minutes avant de démouler.

Par portion lipides 26,5 g ; 350 kcal

Pizza aux pommes de terre et au romarin

Pour 8 personnes.

PRÉPARATION 20 MINUTES • CUISSON 40 MINUTES

3 pommes de terre avec la peau
2 c. s. d'huile d'olive
1 c. c. de romarin frais
150 g de farine à levure incorporée
150 g de farine
30 g de beurre en dés
1 œuf légèrement battu
80 ml de lait
40 g de parmesan râpé
2 gousses d'ail pilées

1 Pelez une pomme de terre et coupez-la en morceaux avant de la faire cuire à l'eau ou à la vapeur. Égouttez-la puis écrasez-la en purée. Réservez au chaud.

2 Détaillez le reste des pommes de terre en rondelles de 1 mm d'épaisseur. Essuyez-les avec du papier absorbant puis mélangez-les avec l'huile d'olive et le romarin.

3 Préchauffez le four à 180 °C. Graissez une plaque de cuisson.

4 Mélangez les farines dans un récipient puis ajoutez le beurre et travaillez les ingrédients du bout des doigts pour obtenir une semoule grossière. Incorporez la purée, l'œuf et le lait. Lissez le mélange à la spatule puis pétrissez la pâte sur un plan de travail fariné pour la rendre souple et élastique.

5 Abaissez la pâte en un rectangle de 25 cm sur 30 cm et étalez-la sur la plaque préparée. Garnissez la pâte de fromage et d'ail mélangés puis disposez les pommes de terre en une seule couche en les faisant se chevaucher. Faites cuire 30 minutes au four.

Par portion lipides 11 g ; 288 kcal

Soupe de pommes de terre aux épices

Pour 6 personnes.

PRÉPARATION 15 MINUTES • CUISSON 35 MINUTES

30 g de beurre
2 c. s. d'huile végétale
1 oignon brun grossièrement haché
2 gousses d'ail pilées
1 c. c. de garam masala
1/2 c. c. de curcuma moulu
1 c. c. de cumin moulu
1 c. c. de coriandre moulue
800 g de pommes de terre pelées et coupées en morceaux
1 l de bouillon de volaille
375 ml d'eau
1 oignon brun émincé
140 g de yaourt

1 Faites chauffer le beurre et la moitié de l'huile dans une casserole et faites revenir l'oignon et l'ail. Ajoutez les épices et laissez cuire jusqu'à ce que le mélange embaume. Mettez les pommes de terre, le bouillon et l'eau dans la casserole et portez à ébullition puis couvrez et laissez mijoter jusqu'à ce que les pommes de terre soient tendres. Laissez refroidir 10 minutes.

2 Faites chauffer le reste d'huile dans une poêle et faites dorer l'oignon émincé jusqu'à ce qu'il croustille puis égouttez-le sur du papier absorbant.

3 Écrasez la soupe avec un presse-purée pour obtenir une préparation onctueuse. Versez-la dans les bols de service, garnissez de yaourt et d'oignon frit et servez aussitôt.

Par portion lipides 12,1 g ; 219 kcal

Soupe de pommes de terre au bacon

Pour 6 personnes.

PRÉPARATION 15 MINUTES • CUISSON 30 MINUTES

- **6 tranches de bacon grossièrement hachées**
- **4 gousses d'ail pilées**
- **1 kg de pommes de terre pelées et coupées en morceaux**
- **250 ml de bouillon de volaille**
- **500 ml d'eau**
- **250 g de crème fraîche**
- **3 c. s. de persil plat finement ciselé**

1 Faites dorer le bacon avec l'ail dans une casserole à fond épais.

2 Ajoutez les pommes de terre, le bouillon et l'eau. Portez à ébullition puis laissez frémir jusqu'à ce que les pommes de terre soient tendres. Incorporez la crème et mélangez sur le feu sans laisser bouillir, jusqu'à ce que le mélange soit chaud. Retirez du feu, ajoutez le persil et répartissez la soupe dans les bols de service.

Par portion lipides 25,2 g ; 374 kcal

Velouté de pommes de terre aux grains de maïs

Pour 6 personnes.

PRÉPARATION 20 MINUTES • RÉFRIGÉRATION 10 MINUTES • CUISSON 30 MINUTES

40 g de beurre
1 poireau émincé
1 gousse d'ail pilée
125 ml de vin blanc sec
2 branches de céleri en rondelles fines
800 g de pommes de terre pelées et coupées en morceaux
500 ml de bouillon de volaille
500 ml d'eau
320 g de grains de maïs surgelés
125 ml de crème fraîche
1 c. s. de persil plat frais finement haché

1 Faites fondre le beurre dans une casserole et faites revenir le poireau et l'ail. Versez ensuite le vin en remuant régulièrement et laissez cuire jusqu'à ce que le liquide ait réduit de moitié. Ajoutez le céleri, les pommes de terre, le bouillon et l'eau. Portez à ébullition puis laissez frémir jusqu'à ce que les pommes de terre soient tendres. Laissez refroidir 10 minutes.

2 Mixez la moitié de la soupe jusqu'à obtention d'une préparation onctueuse et remettez-la dans la casserole avant d'ajouter les grains de maïs et la crème fraîche. Remuez sur le feu sans laisser bouillir jusqu'à ce que le maïs soit cuit. Retirez du feu et ajoutez le persil. Répartissez la soupe dans les bols de service.

Par portion lipides 15,7 g ; 291 kcal

Vichyssoise

Pour 6 personnes.

PRÉPARATION 20 MINUTES • RÉFRIGÉRATION 3 HEURES • CUISSON 50 MINUTES

50 g de beurre
2 poireaux émincés
750 g de pommes de terre pelées et coupées en morceaux
500 ml de bouillon de volaille
500 ml d'eau
300 ml de crème
2 c. s. de ciboulette fraîche ciselée

1 Faites fondre le beurre dans une casserole et faites revenir les poireaux jusqu'à ce qu'ils soient bien tendres.

2 Ajoutez alors les pommes de terre, le bouillon et l'eau. Portez à ébullition puis laissez mijoter jusqu'à ce que les pommes de terre soient tendres. Laissez refroidir 10 minutes.

3 Mixez la soupe en plusieurs fois. Ajoutez la crème, couvrez et laissez au moins 3 heures au réfrigérateur. Servez la soupe froide, parsemée de ciboulette.

Par portion lipides 28,9 g ; 355 kcal

Frittata de pommes de terre aux poivrons et aux piments

Pour 6 personnes.

PRÉPARATION 20 MINUTES • CUISSON 25 MINUTES

1 kg de pommes de terre pelées et coupées en rondelles épaisses
2 c. s. d'huile d'olive
1 poivron rouge grossièrement haché
1 poivron jaune grossièrement haché
1 petit piment rouge émincé
10 œufs légèrement battus
2 c. s. de coriandre fraîche grossièrement ciselée
65 g de gruyère râpé
quelques feuilles de coriandre pour décorer

1 Faites cuire les pommes de terre à l'eau ou à la vapeur puis égouttez-les.

2 Faites chauffer la moitié de l'huile dans une poêle et faites revenir les poivrons avec le piment. Réservez au chaud.

3 Ajoutez le reste d'huile dans la poêle et faites-la chauffer. Hors du feu, disposez une couche de pommes de terre puis une couche de poivron et de piment. Répétez l'opération avec le reste des ingrédients puis versez les œufs mélangés avec la coriandre et parsemez de fromage. Faites cuire 8 minutes à feu doux pour que la base de la frittata dore uniformément.

4 Faites glisser la frittatta dans un grand plat allant au four et faites-la dorer sous le gril du four jusqu'à ce qu'elle soit ferme. Coupez la frittatta en quartiers, décorez de feuilles de coriandre et servez.

Par portion lipides 17,8 g ; 328 kcal

Soufflés aux pommes de terre

Pour 4 personnes.

PRÉPARATION 15 MINUTES • CUISSON 40 MINUTES

350 g de pommes de terre pelées et coupées en morceaux
2 c. s. de chapelure
60 g de beurre
2 c. s. de farine
180 ml de lait
3 œufs, blancs et jaunes séparés
90 g de gruyère râpé
1 c. c. de thym frais

1 Faites cuire les pommes de terre à l'eau ou à la vapeur puis égouttez-les et réduisez-les en purée grossière.

2 Préchauffez le four à 180 °C. Graissez quatre petits moules à soufflés avant de saupoudrer la chapelure pour en couvrir le fond et les côtés.

3 Faites fondre le beurre dans une casserole, saupoudrez de farine et laissez cuire jusqu'à épaississement. Versez progressivement le lait sans cesser de remuer et amenez-le jusqu'au point d'ébullition pour faire épaissir la sauce. Hors du feu, ajoutez les jaunes d'œufs, le fromage, le thym et la purée. Remuez bien pour obtenir une préparation homogène. Transférez le mélange dans un grand récipient.

4 Battez les blancs d'œufs en neige ferme puis incorporez-les à la préparation aux pommes de terre. Répartissez le mélange dans les moules et laissez gonfler 20 minutes au four. Servez aussitôt.

Par portion lipides 25,9 g ; 391 kcal

Pain italien aux pommes de terre

Pour 8 personnes.

PRÉPARATION 15 MINUTES • CUISSON 1 HEURE

250 g de pommes de terre pelées et coupées en morceaux
30 g de beurre fondu
300 g de farine à levure incorporée
250 ml de lait
60 g d'olives vertes dénoyautées et coupées en rondelles
75 g de tomates séchées conservées dans l'huile, grossièrement hachées
100 g de mozzarella

1 Préchauffez le four à 200 °C. Graissez généreusement le fond et les côtés d'un moule à cake rectangulaire.

2 Faites cuire les pommes de terre à l'eau ou à la vapeur puis égouttez-les et réduisez-les en purée en incorporant progressivement le beurre pour obtenir une préparation homogène.

3 Ajoutez la farine, le lait, les olives, les tomates et le fromage puis transférez cette préparation dans le moule en la tassant avec une spatule. Faites cuire 50 minutes au four. Laissez refroidir avant de servir.

Par portion lipides 8,3 g ; 261 kcal

Petits pains de pommes de terre aux graines de sésame

Pour 4 personnes.

PRÉPARATION 20 MINUTES • CUISSON 55 MINUTES

900 g de pommes de terre pelées
100 g de beurre fondu
1 gousse d'ail pilée
450 g de farine à levure incorporée
1 c. s. de lait
2 c. c. de graines de sésame

1 Faites cuire la moitié des pommes de terre à l'eau ou à la vapeur puis égouttez-les et réduisez-les en purée. Râpez grossièrement le reste de pommes de terre.

2 Préchauffez le four à 180 °C et disposez du papier sulfurisé sur une plaque de cuisson.

3 Ajoutez le beurre, l'ail, la farine et les pommes de terre râpées dans la purée et mélangez jusqu'à obtention d'une pâte homogène.

4 Travaillez la pâte sur une surface farinée puis divisez-la en quatre portions et étalez ces dernières pour obtenir quatre disques de 20 cm de diamètre. Entaillez la surface en croix avec un couteau pointu.

5 Disposez ces pains sur la plaque de cuisson, badigeonnez-les de lait et parsemez uniformément les graines de sésame. Faites cuire 20 minutes au four puis couvrez avec du papier d'aluminium et poursuivez la cuisson pendant 20 minutes. Laissez refroidir avant de servir.

Par portion lipides 23,1 g ; 699 kcal

Salade chinoise

Pour 4 personnes.

PRÉPARATION 20 MINUTES • CUISSON 15 MINUTES

1 kg de pommes de terre coupées en quatre
8 oignons verts émincés
5 échalotes émincées
3 c. s. de coriandre fraîche
3 c. s. de menthe fraîche grossièrement ciselée
2 petits piments émincés

Assaisonnement

60 ml de jus de citron vert
1 jaune d'œuf
1 c. c. d'huile de sésame
180 ml d'huile d'arachide
2 c. c. de mirin
2 c. s. de coriandre fraîche ciselée

1 Faites cuire les pommes de terre à l'eau ou à la vapeur puis égouttez-les. Préparez l'assaisonnement au citron vert.

2 Mettez le reste des ingrédients dans un saladier avec les pommes de terre tièdes et l'assaisonnement. Mélangez avant de servir.

Assaisonnement Battez 1 cuillerée à soupe de jus de citron vert avec le jaune d'œuf puis versez progressivement l'huile en fouettant le mélange au batteur électrique pour obtenir une mayonnaise ferme. Incorporez délicatement le reste des ingrédients.

Par portion lipides 45,7 g ; 557 kcal

Salade de pommes de terre au poulet satay

Pour 6 personnes.

PRÉPARATION 20 MINUTES • CUISSON 15 MINUTES

1 kg de pommes de terre avec la peau et coupées en tranches épaisses dans la longueur
400 g de blancs de poulet cuits et émincés
6 oignons verts émincés
60 g de pousses d'épinards
70 g de cacahuètes grillées
150 g de sauce satay
120 g de crème fraîche
1 c. s. d'eau chaude

1 Faites cuire les pommes de terre à l'eau ou à la vapeur puis égouttez-les.

2 Mettez les pommes de terre dans un saladier avec le poulet, les oignons, les épinards et la moitié des cacahuètes. Mélangez le reste des ingrédients et versez la sauce obtenue dans le saladier. Remuez délicatement. Parsemez le reste des cacahuètes et servez aussitôt.

Par portion lipides 25,8 g ; 469 kcal

Salade mexicaine aux pommes de terre

Pour 6 personnes.

PRÉPARATION 20 MINUTES • REFRIGÉRATION 30 MINUTES • CUISSON 15 MINUTES

- **1 kg de pommes de terre nouvelles coupées en quatre**
- **1 c. s. de jus de citron vert**
- **2 c. s. d'huile végétale**
- **80 g de crème fraîche**
- **2 gousses d'ail pilées**
- **300 g de haricots rouges en conserve rincés et égouttés**
- **1 oignon rouge émincé**
- **2 c. s. de persil plat finement ciselé**
- **2 c. s. de piments japalenos en conserve égouttés et émincés**
- **1 petit poivron rouge finement haché**
- **1 avocat finement haché**
- **5 c. s. de feuilles de coriandre fraîche**

1 Faites cuire les pommes de terre à l'eau ou à la vapeur puis égouttez-les. Couvrez et réfrigérez 30 minutes.

2 Pendant ce temps, mélangez le jus de citron vert, l'huile, la crème fraîche et l'ail. Mettez les haricots, l'oignon, le persil, le piment japalenos, le poivron, l'avocat et la coriandre dans un saladier.

3 Ajoutez les pommes de terre, versez l'assaisonnement et mélangez délicatement. Servez aussitôt.

Par portion lipides 21,4 g ; 420 kcal

Salade de pommes de terre au vinaigre balsamique

Pour 4 personnes.

PRÉPARATION 15 MINUTES • REFRIGÉRATION 30 MINUTES • CUISSON 15 MINUTES

1 kg de pommes de terre coupées en tranches épaisses dans la longueur
6 oignons verts émincés
35 g de tomates séchées conservées dans l'huile, émincées
75 g d'olives noires dénoyautées
120 g de crème fraîche
2 c. s. de lait
1 c. s. de vinaigre balsamique
3 c. s. de basilic frais

1 Faites cuire les pommes de terre à l'eau ou à la vapeur puis égouttez-les. Couvrez et réfrigérez 30 minutes.

2 Mélangez les pommes de terre avec les oignons, les tomates et les olives.

3 Fouettez la crème, le lait et le vinaigre dans un récipient. Versez la moitié de cette sauce sur la salade et remuez délicatement. Ajoutez le basilic, mélangez puis arrosez avec le reste de sauce.

Par portion lipides 13,5 g ; 328 kcal

Salade de pommes de terre au thon et au fenouil

Pour 4 personnes.

PRÉPARATION 20 MINUTES • CUISSON 40 MINUTES • REFRIGÉRATION 10 MINUTES

1 kg de pommes de terre coupées en tranches épaisses dans la longueur

80 ml d'huile d'olive

3 petits bulbes de fenouil en tranches fines

3 c. s. de persil plat ciselé

2 c. s. d'origan frais

50 g de câpres égouttées et rincées

375 g de thon en conserve égoutté et émietté

60 ml de jus de citron

1 gousse d'ail pilée

1 Préchauffez le four à 180 °C. Étalez les pommes de terre sur une plaque de cuisson, arrosez-les avec 3 cuillerées à soupe d'huile d'olive en mélangeant bien puis faites-les rôtir 40 minutes au four. Laissez refroidir 10 minutes.

2 Mettez les pommes de terre dans un saladier avec le fenouil, le persil, l'origan, les câpres et le thon.

3 Mélangez le jus de citron et l'ail avec le reste d'huile et versez cette sauce dans le saladier. Remuez délicatement et servez aussitôt.

Par portion lipides 21,4 g ; 448 kcal

Salade de pommes de terre aux câpres et à l'aneth

Pour 4 personnes.

PRÉPARATION 15 MINUTES • CUISSON 15 MINUTES • REFRIGÉRATION 40 MINUTES

1 kg de pommes de terre nouvelles coupées en deux
2 c. s. de vinaigre de vin blanc
125 ml d'huile d'olive
1/2 c. c. de sucre
1 c. c. de moutarde de Dijon
65 g de câpres égouttées
140 g d'oignons blancs coupés en deux
200 g de cornichons égouttés et coupés en deux dans la longueur
2 c. s. d'aneth frais ciselé

1 Faites cuire les pommes de terre à l'eau ou à la vapeur puis égouttez-les. Couvrez et réfrigérez 30 minutes.
2 Mélangez le vinaigre, l'huile, le sucre et la moutarde dans un bol.
3 Mettez les pommes de terre avec la moitié de l'assaisonnement dans un saladier puis laissez refroidir 10 minutes.
4 Ajoutez les câpres, les oignons, les cornichons, l'aneth et le reste d'assaisonnement. Mélangez délicatement avant de servir.

Par portion lipides 30,1 g ; 461 kcal

Glossaire

Aneth
Plante ombellifère aux feuilles vert foncé qui ressemblent à des plumes. Ces feuilles ont un léger goût d'anis et ne doivent pas être cuites. On les ajoutera donc en fin de cuisson pour préserver leur saveur.

Bacon
Poitrine de porc maigre fumée.

Beurre clarifié
Matière grasse qui peut être portée à haute température sans brûler.

Bocconcini
Fromage proche de la mozzarella. Aussi appelé « mozzarella cerise », on le trouve en petites boules de la taille d'une bouchée, conservées dans de l'eau. À consommer dans les 48 heures.

Bouillon
Une tablette (ou 1 cuillerée à café de bouillon en poudre) permet d'obtenir 250 ml de bouillon. Si vous préférez le préparer vous-même, référez-vous à la recette page 117.

Brocoli
Légume de la famille du chou. Doit être coupé en «fleurs» avant la cuisson. Les tiges se consomment, mais nécessitent une cuisson plus longue.

Brocoli chinois
Également appelé gai larn. Contrairement au brocoli italien, constitué de bouquets serrés et denses, le brocoli chinois présente de longues feuilles vertes enfermant quelques fleurettes jaunes. Selon la recette, on pourra le remplacer par des brocolis italiens ou des feuilles d'épinards.

Cajun (sauce ou épices)
Mélange de paprika, de basilic, d'oignons, de fenouil, de thym, de poivre de Cayenne et d'estragon. Utilisé dans la cuisine de la Louisiane.

Câpres
Bouton floral d'une plante méditerranéenne, le câprier. Les câpres sont vendues confites au vinaigre ou en saumure. Leur saveur aigre relève les sauces froides ou chaudes. Dans la cuisine méridionale, on les associe souvent aux olives et aux anchois.

Cardamome
La cardamome est une graine très parfumée qui appartient à la famille du gingembre. On la trouve le plus souvent écossée ou moulue.

Carvi
Plante aromatique de la famille des ombellifères. La graine de carvi est petite et allongée, de couleur noirâtre. Sa saveur délicate rappelle celle de l'anis. Il est conseillé d'acheter les graines entières, qui se conservent mieux que moulues.

Cheddar
Fromage de vache orangé au goût prononcé. À consommer de préférence vieilli et dur. On peut le remplacer par de la mimolette, mais celle-ci est moins savoureuse.

Chermoulla
Sorte de pâte marocaine épicée, contenant de la coriandre, du cumin et du paprika.

Chou chinois
Également connu sous le nom de chou de Pékin. Son goût est assez proche de celui du chou vert.

Choy sum
Légume chinois à larges feuilles.

Chutney
Condiment d'origine indienne à base de fruits ou de légumes (mangues, tomates, oignons, pommes…) cuisinés dans le sucre et le vinaigre.

Ciboulette
Plante de la famille de l'oignon, dont les feuilles creuses et minces, au goût subtil d'oignon, sont employées comme condiment. On peut lui substituer des tiges d'oignon vert, à la saveur plus prononcée, mais moins délicate.

Cinq-épices
Mélange parfumé de cannelle, de clous de girofle, d'anis étoilé, de poivre du Sichuan et de fenouil. Vendu en poudre.

Citronnelle
Herbe longue au goût et à l'odeur de citron. On hache l'extrémité blanche des tiges. Utilisée dans de nombreuses cuisines asiatiques, ainsi qu'en tisane.

Coco (crème de)
Première pression de la chair mûre des noix. Disponible en boîte ou en berlingot.

Concombre
Dans la cuisine chinoise, on utilisera de préférence des petits concombres, plus croquants, ou une variété exotique appelée «pépinos».

Coriandre
Aussi appelée persil arabe ou chinois, car on la trouve beaucoup dans la cuisine nord-africaine et asiatique ; on utilise les feuilles, les racines, ou les graines, qui n'ont pas du tout le même goût.

Couscous
Céréale en grains fins, originaire d'Afrique du Nord Confectionnée avec de la semoule roulée en boules.

Curcuma
Cette épice de la famille du gingembre est une racine qu'on réduit en poudre ; elle possède une saveur épicée mais ne pique pas.

Curry
Pâte Selon les recettes, ces préparations épicées et très parfumées sont plus ou moins relevées. Adaptez les quantités en conséquence. La sauce tikka est assez douce, la vindaloo très épicée et la madras moyennement forte.
Poudre Mélange d'épices moulues très utilisé dans la cuisine indienne. Comporte, dans des proportions variables selon les recettes, du piment séché, de la cannelle, de la coriandre, du cumin, du fenouil, du fenugrec, du macis, de la cardamome et du curcuma.

Feta
Fromage de brebis, d'origine grecque, dur et friable, au goût très fort.

Garam masala
Mélange d'épices originaire du nord de l'Inde. Inclut généralement de la cardamome, de la cannelle, des clous de girofle, de la coriandre, du fenouil et du cumin, grillés et moulus ensemble. Les proportions varient selon les préparations. On ajoute parfois du poivre noir et du piment pour relever le goût.

Ghee
Voir Beurre clarifié (Inde).

Gingembre
Racine épaisse et noueuse d'une plante tropicale. On l'utilise entier ou moulu.

Gremolata
Assaisonnement italien fait d'ail finement haché, de persil et de zeste de citron.

Halloumi
Fromage frais de brebis ou de vache, originaire du Moyen-Orient. Son format, sa texture et son goût ressemblent à ceux de la mozzarella de vache vendue en France par bloc de 500 g ou de 1 kg.

Harissa
Sauce épicée à base de piments rouges, d'ail d'huile et de graines de carvi. En vente en grandes surfaces et dans les épiceries fines.

Haricots
Beurre D'une couleur jaune pâle, ils se cuisinent comme les haricots verts.
Blancs Graines de haricots sèches, plus ou moins grosses selon les espèces : lingots, cocos, Soissons, haricots tarbais… Nécessitent souvent un trempage préalable à la cuisson (eau froide puis ébullition plus ou moins longue selon les espèces).
Verts Minces et cylindriques, on les déguste juste cuits pour leur garder tout leur croquant.

Huître (sauce d')
D'origine asiatique, cette sauce brune, riche, est à base d'huîtres en saumure, cuites avec du sel et de la sauce de soja et épaissie.

Ketjap manis
Sauce de soja indonésienne, épaisse et sucrée, contenant du sucre et des épices.

Lentille corail
Lentille orange très petite originaire du Moyen-Orient et que l'on trouve dans tous les magasins de produits exotiques.

Mesclun
Assortiment de diverses salades et jeunes pousses.

Mirin
Vin de riz doux, peu alcoolisé, utilisé dans la cuisine japonaise. À ne pas confondre avec le saké, qui se boit.

Mozzarella
Petites boules rondes de fromage frais, conservées dans leur petit-lait, à garder au réfrigérateur. La « mozzarella di buffala » (au lait de bufflonne), a un goût plus prononcé que la mozzarella au lait de vache. On trouve dans les épiceries italiennes de la mozzarella fumée.

Nouilles
Aux œufs frais À base de farine de blé et d'œufs. Il en existe toute une variété.
Au riz, fraîches Larges, épaisses, presque blanches. À base de riz et d'huile végétale. Doivent être couvertes d'eau bouillante pour éliminer l'amidon et l'excédent de graisse. Utilisées dans les soupes ou sautées.
De soja Blanches, vendues sous forme de petits paquets ficelés dans les épiceries asiatiques. À consommer dans les soupes, les salades, ou sautées avec des légumes.

Nuoc-mâm
Sauce à base de poisson fermenté réduit en poudre (généralement des anchois). Très odorante, elle a un goût très marqué. Il en existe des plus ou moins fortes.

Oignon
De printemps Bulbe blanc, relativement doux aux longues feuilles vertes et croquantes.
Jaune ou brun Oignon à chair piquante ; utilisé dans toutes sortes de plats.
Rouge Également appelé oignon espagnol. Plus doux que les oignons blancs ou les jaunes, il est délicieux cru dans les salades.
Vert Oignon cueilli avant la formation du bulbe, dont on mange la tige verte ; à ne pas confondre avec l'échalote.

Parmesan
Fromage de vache italien. Sec, dur et très parfumé ; à base de lait écrémé ou demi-écrémé et affiné pendant 1 an minimum.

Pignons de pin
Petites graines beiges provenant des pommes de pin.

Poivre
Au citron Assaisonnement à base de grains de poivre noir, de citron, de fines herbes et d'épices.
De Cayenne À base de piments broyés ; peut remplacer les piments frais.
Vert Baies du poivrier généralement vendues en saumure. Elles ont un goût frais qui s'accommode bien avec les sauces à la moutarde ou à la crème.
Du Sichuan Poivre à petits grains brun-rouge et au goût citronné.

Poivron
Piment doux à gros fruits rouges, verts ou jaunes .Veillez à retirer les graines et les membranes avant de les cuisiner.

Polenta
Semoule de maïs servant à confectionner un plat du même nom d'origine italienne.

Ricotta
Fromage frais italien au goût très doux. Vendu dans les magasins spécialisés et dans les grandes surfaces.

Roquette
Salade au goût poivré prononcé.

Safran
Stigmates d'une variété de crocus au goût très délicat qui donne une couleur orangée très prononcée aux plats.

Sambal oelek
Condiment fort d'origine indonésienne, à base de piments broyés, de sel, de vinaigre et de diverses épices.

Sésame (graines de)
Graines ovales, noires ou blanches, provenant d'une plante tropicale appelée *Sesamum indicum*. Bonne source de calcium. Pour les faire griller, étalez-les dans une poêle antiadhésive et remuez brièvement à feu doux.

Sukiyaki (sauce)
Sauce japonaise vendue en bouteille. Mélange de sauce de soja, de mirin, de sucre et de sel.

Tabasco
Nom de marque d'une sauce très forte à base de vinaigre, de piments rouges et de sel.

Tamarin
Fruit du tamarinier. Vendu sous la forme d'une pâte épaisse, violet foncé, prête à l'emploi. Donne aux plats un goût acidulé.

Tikka masala
Pâte de curry originaire d'Inde contenant du piment, de la coriandre, du cumin, de l'ail, du gingembre, du curcuma, de l'huile, du fenouil, du poivre, de la cannelle et de la cardamome.

Table des recettes

Frites, chips et pommes de terre sautées

Röstis, galettes et croquettes

Pommes au four

Purées, gnocchis et gratins

La pomme de terre dans tous ses états

• MARABOUT CHEF •

Traduction
Danielle Delavaquerie

Adaptation
Élisabeth Boyer

Packaging
Domino

Relecture
Marielle Pfender

Marabout
43, quai de Grenelle – 75905 Paris Cedex 15

Publié pour la première fois en Australie
en 2003 sous le titre
Potatoes

Dépôt égal n° 41836 / janvier 2004
ISBN : 2501-04175-5
NUART : 40079-10/01

Imprimé en Espagne par Gráficas Estella